• Guias Ágora •

Os Guias Ágora são livros dirigidos ao
público em geral,
sobre temas atuais, que envolvem
problemas emocionais e psicológicos.
Cada um deles foi escrito por
um especialista no assunto,
em estilo claro e direto,
com o objetivo de oferecer conselhos e
orientação às pessoas que
enfrentam problemas específicos,
e também a seus familiares.

Os Guias descrevem as características gerais
do distúrbio, os sintomas, e,
por meio de exemplos de casos,
oferecem sugestões práticas que ajudam
o leitor a lidar com suas dificuldades
e a procurar ajuda profissional adequada.

Dados Internacionais de Catalogação na Publicação (CIP)
(Câmara Brasileira do Livro, SP, Brasil)

Sheehan, Elaine
  Baixa auto-estima : esclarecendo suas dúvidas / Elaine Sheehan ; [tradução Ruth Rejtman]. – São Paulo : Ágora, 2005. – (Guias Ágora)

  Título original: Low self-esteem: your questions answered.
  Bibliografia
  ISBN 85-7183-893-3

  1. Auto-ajuda – Técnicas 2. Autoconfiança 3. Auto-estima
I. Título. II. Série.

05-3861   CDD-158.1

Índice para catálogo sistemático:
1. Auto-estima : Psicologia aplicada   158.1

Compre em lugar de fotocopiar.
Cada real que você dá por um livro recompensa seus autores
e os convida a produzir mais sobre o tema;
incentiva seus editores a encomendar, traduzir e publicar
outras obras sobre o assunto;
e paga aos livreiros por estocar e levar até você livros
para a sua informação e o seu entretenimento.
Cada real que você dá pela fotocópia não autorizada de um livro
financia um crime
e ajuda a matar a produção intelectual em todo o mundo.

Baixa auto-estima

Esclarecendo suas dúvidas

Elaine Sheehan

EDITORA
ÁGORA

Do original em língua inglesa
LOW SELF-ESTEEM
Copyright © 1998 by Elaine Sheehan
Publicado na Grã-Bretanha em 1998
por Element Books Limited, Shaftesbury, Dorset.
Direitos desta tradução adquiridos por Summus Editorial

Assistência editorial: **Soraia Bini Cury**
Assistência de produção: **Claudia Agnelli**
Tradução: **Ruth Rejtman**
Capa: **Neide Siqueira**
Ilustração da capa: **Moira Wills**
Editoração e fotolitos: **Join Bureau**

Nota da Editora:
As informações contidas nos Guias Ágora
não têm a intenção de substituir a
orientação profissional qualificada.
As pessoas afetadas pelos problemas
aqui tratados devem procurar médicos,
psiquiatras ou psicólogos especializados.

Editora Ágora
Departamento editorial:
Rua Itapicuru, 613 – 7º andar
05006-000 – São Paulo – SP
Fone: (11) 3872-3322
Fax: (11) 3872-7476
http://www.editoraagora.com.br
e-mail: agora@editoraagora.com.br

Atendimento ao consumidor:
Summus Editorial
Fone: (11) 3865-9890

Vendas por atacado:
Fone: (11) 3873-8638
Fax: (11) 3873-7085
e-mail: vendas@summus.com.br

Impresso no Brasil

Para Luke.
Saiba que você sempre será amado.

Sou grata aos meus professores e especialmente aos meus clientes antigos e atuais, que são uma inesgotável fonte de futuras aprendizagens. Devo um especial agradecimento aos que me permitiram incluí-los neste trabalho (usei nomes fictícios para proteger sua identidade). Sou igualmente grata ao meu marido, Mark, meu pai, Paddy, e meu irmão, Trevor, por seu constante apoio e entusiasmo.

Sumário

	Introdução	9
1.	Explorando o conceito de auto-estima	11
2.	Problemas associados à baixa auto-estima	21
3.	Você está pronto para mudar?	35
4.	Elogios e críticas	47
5.	Lidando com a raiva	65
6.	Visualizações para um futuro mais positivo	87
7.	Restabelecendo-se e deixando de lado o passado	107
8.	Vá em frente	121
	Conclusão	125
	Notas	127
	Leituras complementares	131

Introdução

> *Só existe uma causa para o fracasso da humanidade:*
> *a falta de fé do homem em si mesmo.*
>
> William James[1]

Ter uma auto-estima saudável é um desejo humano fundamental e algo pelo que ansiamos constantemente. Entretanto, algumas pessoas nunca se sentem bem com sua auto-imagem e vivem atormentadas ao longo da vida com dúvidas a respeito de si mesmas. Este livro trata da maneira como nos enxergamos e lidamos com esse assunto, o que contribui para o desenvolvimento e a preservação dessa percepção. O importante é que reúne algumas das técnicas mais úteis para o aprimoramento da auto-estima, técnicas essas com as quais deparei em meus estudos particulares e profissionais desse tema fascinante. Se você deseja realizar uma viagem pessoal de auto-exploração e crescimento, cujo objetivo é superar seus limites de autoconhecimento e percepção e, acima de tudo, obter mudanças positivas, então definitivamente este é o seu livro!

O melhor investimento que você pode fazer na vida é dedicar um tempo para trabalhar na melhora da sua auto-estima. A baixa auto-estima pode nos levar a ocultar, com vergonha, nosso eu verdadeiro. Assumimos fachadas defensivas e reprimimos fortemente nosso potencial. Este livro vai ajudar você a parar de se esconder de si próprio e dos demais. Fará que controle sua vida em lugar de se sentir vítima. Trata também da auto-aceitação e do amor-próprio. Este livro fala sobre *você*. Persiga seus sonhos. Torne seu futuro o melhor possível. Vire esta página da sua vida.

CAPÍTULO 1

Explorando o conceito de auto-estima

O conceito que temos de nós mesmos pode ser totalmente errôneo.
Rex Johnson e David Swindley[1]

QUE SIGNIFICA AUTO-ESTIMA?

Sarah surge muito confiante e tranqüila. Exibe seus talentos e está feliz da vida. Tem uma visão positiva do que pode oferecer ao mundo e impõe um respeito saudável àqueles que a rodeiam. Sente-se merecedora de amor, felicidade e relacionamentos satisfatórios. Ao contrário de Ellen, que se acha inútil e tem problemas em admitir que pode, de alguma forma, ser amada. Está sempre envolvida em relacionamentos nos quais é maltratada. Acha que não merece mais do que isso e não vê com otimismo seu futuro. Comparando essas duas pessoas podemos dizer que Sarah tem alta auto-estima, enquanto Ellen tem baixa auto-estima. Alguns de nós podemos nos identificar com Sarah ou Ellen, embora a maioria de nós flutue de certo modo entre ambas. Mas, afinal, o que é *auto-estima*?

A auto-estima pode ser analisada por meio da escala de valores que nos atribuímos. As pesquisas consideram que nossa percepção ou autoconsciência emerge principalmente das nossas experiências sociais. Passamos a nos enxergar como os outros nos enxergam. Há quase um século, o sociólogo Cooley escreveu, em seu estilo poético, que a visão que temos de nós mesmos é como um espelho que reflete a avaliação imaginária dos outros a nosso respeito. "A imagem de um é a imagem do outro que o espelho reflete"[2]. Portanto, a autoconsciência que incorpora a noção da auto-estima parece formar-se e desenvolver-se de fora para dentro. Principalmente nos nossos primeiros anos, somos extremamente influenciados pelo que os demais pensam de nós, o que pode desvirtuar a percepção que temos a nosso respeito. É interessante compreender que, se tivéssemos sido educados de maneira diferente, talvez nossa auto-estima também fosse diferente, embora na essência sejamos a mesma pessoa.

QUAL A CAUSA DA BAIXA AUTO-ESTIMA?

Quando olho nos olhos do meu filhinho de um ano de idade, vejo serenidade e contentamento. Lembro-me de ter lido um dia, bordado no babador de um nenê, a frase: "Amo mamãe, amo papai, amo todo o mundo!" Nessa frase poderiam estar incluídos os dizeres: "e me amo". Os bebês acham que tudo e todos na vida são maravilhosos – inclusive eles próprios. Sentem-se felizes de ser como são e não aspiram a tornar-se criaturas diferentes. Dia após dia eles progridem e aproveitam a vida ativamente. Nossa tendência inicial é estar bem conosco e conviver com o mundo que nos rodeia. Entretanto, com o passar do tempo, nossa autoconsciência desenvolve-se e aquela inclinação natural passa a enfrentar diversos tipos de desafios e ameaças. As pesquisas investigaram muitas variáveis a esse respeito, incluindo a educação, maus-tratos, violência sexual, traumas, aparência física, sexo e fatos corriqueiros da vida.

Educação

Anteriormente enfatizei a importância que a opinião dos outros exerce no desenvolvimento de nossa percepção. Particularmente, a qualidade dos relacionamentos vivenciados na infância aparece como fator de vital importância, já que é nessa época que as sementes da auto-estima são plantadas. A mãe (ou a primeira cuidadora) representa o papel principal nesses casos. Se o relacionamento mãe–filho for saudável (ou seja, se a criança sentir que a mãe é receptiva e sensível), a criança pode desenvolver um sentimento positivo do próprio eu e a capacidade de estabelecer relacionamentos íntimos na idade adulta. O oposto também se mostra verdadeiro se o relacionamento mãe–filho for insatisfatório. O fracasso em adquirir laços afetivos com a mãe pode resultar numa eterna angústia com respeito ao abandono ou à rejeição.

À medida que as crianças crescem, as mensagens que recebem de pessoas significativas que as rodeiam são muito importantes para sua auto-estima. As crianças tendem a aceitar as coisas segundo os valores que estas representam. Na verdade, é isso que geralmente dá um toque ao seu encanto. Lembro-me de ter visto um pai ensinando seu filho pequeno a segurar o taco de golfe. Ao erguer o taco arqueado sobre sua cabeça, o pai preveniu-o: "Mantenha o olhar na bola". Ao ouvir isso, para o divertimento dos que assistiam ao jogo, a criança abaixou-se e colocou fisicamente o olho na bola! Isso realça a simplicidade da lógica infantil. Tudo é levado ao pé da letra. Se uma pessoa que tem um papel significativo na vida de uma criança fica constantemente dizendo e fazendo coisas que a magoam, o conteúdo desses comentários será levado a sério pela criança em detrimento da sua auto-estima. Não importa se a pessoa também demonstra amor "e não pretende magoar de verdade", e simplesmente teve um dia ruim ou quis apenas implicar com a criança de brincadeira. As crianças precisam receber mensagens diretas, claras e consistentes para que se certifiquem de que são amadas e valorizadas.

A auto-estima dos pais também exerce um efeito sobre os filhos. É como se o nível que alcançaram com a auto-estima pessoal tivesse efeito maior sobre seus filhos do que qualquer coisa que pudessem ter-lhes transmitido diretamente. Na infância aprendemos a agir imitando o comportamento de nossos pais. Portanto, se formos muito criticados por um dos nossos pais, nossa autocrítica virá à tona. O pai de Ellen jamais a elogiava se ela fazia algo bem-feito, mas sempre a repreendia se fizesse algo que ele não aceitasse. Ellen carregou essas lembranças para a vida adulta – nunca reconhecendo as coisas boas que fazia e sempre criticando impiedosamente a si mesma por executar algo que estivesse aquém do esperado.

Decididamente, o funcionamento e a estrutura de uma família são fatores importantes para a auto-estima. Estudos revelaram que filhos de pais separados e crianças abandonadas podem desenvolver uma percepção mais baixa de si mesmos, como resultado das circunstâncias em que viveram. Outros fatores, como alcoolismo e doenças na família, também afetam negativamente a auto-estima. Quando criança, Thomas nunca sabia o que encontraria quando chegasse em casa da escola. Muitas vezes sua mãe estava sóbria e as refeições, prontas. Contudo, havia períodos em que a encontrava regularmente prostrada numa cadeira com uma garrafa vazia de vodca ao lado. Um dia, ao chegar em casa, deparou com a mãe inconsciente dentro do chuveiro – ela havia desmaiado e batido a cabeça. Por alguns terríveis momentos ele achou que ela estava morta. Uma vez que seu pai trabalhava horas seguidas, Thomas incumbiu-se da tarefa de cuidar da mãe daquele dia em diante. Tinha medo de que algo muito ruim pudesse acontecer a ela se ele não estivesse presente. Como lhe haviam dito que o alcoolismo da mãe era um "segredo", ele não teve coragem de pedir ajuda. Essa situação contribuiu para prejudicar o lado emocional de Thomas, que, ao crescer, tornou-se carente e inseguro.

Maus-tratos físicos ou violência sexual

"Poupe os castigos e estrague seus filhos" é a frase que freqüentemente justifica os maus-tratos impostos às crianças. Esse tipo de violência é, em geral, aleatório e imprevisível, resultando, com o passar do tempo, em sentimento de total desamparo. As ameaças e o sofrimento causado por violências físicas podem afetar severamente a auto-estima.

As conseqüências de violência sexual na infância também vão se refletir ao longo da vida da vítima. Derek Jehu fala sobre as crenças associadas à desonra em virtude dos abusos sexuais sofridos na infância, que também contribuem para a baixa auto-estima[3]. As vítimas de tais abusos com freqüência consideram-se "inúteis ou más" e "inferiores às outras pessoas". Gael Lindenfield, em seu livro intitulado simplesmente *Auto-estima*[4], observa que o fato de alguém ter de se sujeitar a uma situação sexual vergonhosa também põe em risco o desenvolvimento positivo da sua auto-estima.

Traumas

As experiências traumáticas, em última análise, deixam marcas na auto-estima de uma pessoa. Lembro-me, por exemplo, de um cliente que testemunhou um trágico acidente de carro, muitos anos antes de vir consultar-me. A recordação daquele evento continuava a persegui-lo, causando-lhe um sentimento de irritação e angústia constante. Sofria de ataques de pânico e estava achando cada vez mais difícil levar uma vida normal. Por causa disso sua autoconfiança enfraqueceu.

Caso semelhante aconteceu com uma cliente que sofria de claustrofobia e crises de pânico. Ela contou-me sobre a traumática recordação de estar num hospital para extrair as amígdalas aos sete anos de idade. Naquela época costumava-se sedar os pacientes colocando sobre sua boca uma máscara com éter para ser inalado – experiência *assustadora* para uma garota tão pequena. Ela se lembrava do quarto onde ocorreu a operação, com telhas bege e canos descendo pela parede, o que lhe dava a impressão de ser um banheiro. O quarto não tinha janelas. Na idade adulta ela se recusava a entrar num banheiro público sem janelas. Com o passar dos anos, percebeu que, quanto mais evitava banheiros públicos, maior se tornava sua angústia. Seu mundo começou a ficar mais e mais limitado. Com o tempo evitava sair de casa com medo de precisar usar o banheiro enquanto estivesse fora. Sua auto-estima era muito baixa; julgava-se uma "tonta" por comportar-se de maneira "tão irracional".

A aparência física

Uma rápida olhada em qualquer revista de moda comprova o valor que a sociedade dá à "boa aparência", não importando a idade que você tenha. O conceito de auto-imagem é um dos principais responsáveis pela formação da auto-estima entre as crianças. Aquelas consideradas atraentes recebem mais atenção que as que têm aparência menos vistosa.

Conseqüentemente, ao chegarmos à idade adulta, não importa como nos parecemos na realidade, mas como introjetamos a imagem que fazemos de nós mesmos. Lembro-me de uma cliente que me confessou achar-se feia e gorda. Detestava olhar-se no espelho. À minha frente estava sentada uma mulher alta, elegante e com um bonito rosto.

Quando criança ela havia sido gorda, usava óculos de lentes grossas e aparelho nos dentes. Em casa, a todo momento era comparada com a irmã, que era mais bonita que ela, e na escola a provocavam diariamente. Na idade adulta, achou difícil acreditar que havia se tornado uma mulher atraente.

Sexo

No passado, apesar de evidências não conclusivas, muitos autores que escreviam sobre esse tema inclinavam-se a seguir o estereótipo sexual, supondo que as mulheres tinham uma auto-estima inferior à dos homens[5]. Muitas pesquisas recentes[6] concluíram que "meninas e meninos tendem a ser mais parecidos que diferentes" em relação ao conceito que fazem de si mesmos.

Fatos corriqueiros da vida

Não interessa quão saudável possa ser a auto-estima de um indivíduo: a vida costuma apresentar-lhe experiências que desafiarão a imagem positiva que ele tem de si próprio. Ser humilhado pelos demais, recusado num emprego ou perder tempo em uma situação que exige rapidez – todas essas experiências podem influenciar negativamente a autopercepção.

COMO VOCÊ SE VALORIZA?

A maneira como você se valoriza não é necessariamente o indicador da imagem que você apresenta aos outros, nem coincide com aquilo que realmente é. É apenas uma avaliação que você tem de si mesmo – que tanto pode ser correta como totalmente errada. Existem centenas de medidas de auto-estima disponíveis. As medidas apresentadas no quadro da página a seguir foram adaptadas da Escala de Auto-Estima de Rosenberg[7], uma das mais amplamente utilizadas.

Todos os instrumentos de estimativa da auto-estima são problemáticos se dependerem de um único meio de avaliação, ou seja, de como o indivíduo se apresenta. Esse fator poderá potencialmente contaminar os resultados, visto que poucas pessoas não se deixam influenciar pela sociedade e consideram irrelevante o fato de terem "boa aparência". Entretanto, o teste que determina sua auto-estima só diz respeito a você (a menos que, naturalmente, você prefira compartilhar o resultado com outras pessoas). Então, se você não responder às perguntas o mais honestamente possível, estará enganando apenas a si próprio.

Para achar o resultado do seu teste na escala é só somar os valores dos dez enunciados. Para nossos objetivos aqui, consideramos que os resultados acima de zero indicam uma tendência à alta auto-estima, referindo-se a soma total a uma auto-estima muito alta. Escores abaixo de zero significam uma inclinação à baixa auto-estima, indicando o escore menos dez uma auto-estima muito baixa. Quanto mais altos forem os resultados do seu teste, maior será sua auto-estima e, quanto mais baixos, menor ela será.

OS BENEFÍCIOS DA ALTA AUTO-ESTIMA

Durante os anos em que recebi clientes preocupados em melhorar a auto-estima, ouvi relatos dos benefícios que eles começaram a notar logo que passaram a olhar para si. A lista que se segue traz uma amostra dos comentários dos pacientes. Ao lê-los, certifique-se de que, no devido tempo, você disporá de uma lista similar, que incorporará alguns ou todos esses benefícios!

> **Medindo sua auto-estima**
>
> Analise as seguintes descrições de você.
>
> Marque as afirmações de 1 a 5 da seguinte forma:
> Concordo = +1   Discordo = −1
>
> 1. Considero-me uma pessoa digna, pelo menos em comparação com os outros.
> 2. Acho que tenho um bom número de qualidades.
> 3. Sou capaz de fazer coisas tão bem como qualquer um.
> 4. Assumo uma atitude positiva em relação a mim mesmo.
> 5. De maneira geral, estou satisfeito comigo mesmo.
>
> Marque as afirmações de 6 a 10 da seguinte forma:
> Concordo = −1   Discordo = +1
>
> 6. Acho que não tenho muito do que me orgulhar.
> 7. De maneira geral, tendo a sentir-me um fracasso.
> 8. Gostaria de sentir mais respeito por mim mesmo.
> 9. Com certeza sinto-me inútil de vez em quando.
> 10. Às vezes acho que não sirvo para nada.
>
> **Resultado geral:** Some os resultados das dez afirmações.

- Aceito melhor a mim mesmo.
- Tenho mais clareza do que pretendo da vida.
- Sinto-me mais relaxado e com mais força para enfrentar o estresse.
- Sinto-me mais otimista e feliz.
- Tenho mais disposição para assumir responsabilidades e sensação de maior controle sobre minha vida (mais independência).
- Ouço os demais com mais atenção.
- Sinto-me mais equilibrado.
- Fico mais à vontade em ambientes sociais.

- Sinto-me mais confiante e criativo e menos dependente da opinião dos outros.
- Tenho melhor aparência, mais "brilho".
- Estou mais disposto a receber e a dar amor.
- Tenho mais condescendência comigo mesmo; sou capaz de assumir mais riscos porque agora me dou conta de que não existem fracassos, mas apenas valiosas experiências de aprendizado.
- Consigo regozijar-me com os êxitos dos outros sem sentir inveja.
- Exerço todas as atividades com mais confiança.
- Hoje, os "problemas" não passam de "desafios".
- Tenho mais vontade de compartilhar meus sentimentos e mostrar-me mais positivo.
- Sou capaz de falar livremente sobre minhas falhas e meus acertos.
- Sinto-me mais estimulado, motivado e entusiasmado.

Se sua pontuação na escala de auto-estima da seção anterior foi alta, é aconselhável que você trabalhe mais para que as coisas fiquem ainda melhores no futuro (não conheço ninguém que se recusaria a melhorar a auto-estima) ou pelo menos para mantê-la no nível em que se encontra. Se seu escore foi baixo, é ainda mais necessário empenhar-se numa mudança, fazendo que a percepção que tem sobre si mesmo seja boa.

CAPÍTULO 2

Problemas associados à baixa auto-estima

> *Você não está sozinho com seu problema de auto-estima:*
> *quase todos nós sentimos o mesmo em algum momento.*
>
> Patricia Cleghorn[1]

A maioria das pessoas concorda que ter baixa auto-estima pode prejudicar nosso potencial de obter felicidade e sucesso na vida. Nosso nível de auto-estima pode exercer, particularmente, poderosa influência sobre nossos relacionamentos e sobre nossa saúde mental. Este capítulo explica por que não devemos nos permitir ter baixa auto-estima. A seguir trataremos da auto-aceitação e da aceitação pelos outros; do medo do abandono; do perfeccionismo; da utilização dos mecanismos de defesa; dos vícios; da consciência dos sentimentos; dos desejos e das necessidades; do controle dos problemas; da tomada de decisões e do começo da relação com os demais.

AUTO-ACEITAÇÃO E ACEITAÇÃO PELOS OUTROS

O psicólogo americano Carl Rogers observou que, quanto mais um indivíduo aceita a si mesmo, mais ele está predisposto a aceitar o outro[2]. Inversamente, quanto pior for nossa opinião sobre nós mesmos, menos disposição teremos de aceitar o outro. Se você cresceu em um ambiente em que foi muito criticado, continuará a adotar, na idade adulta, esse mesmo tratamento consigo mesmo, em lugar de ser tolerante com seus pensamentos corriqueiros. É comum que adote a mesma atitude com relação aos demais. Esse processo de criticar os outros pode acabar virando um vício. Enquanto se ocupa em julgar os outros e humilhá-los, você não só estará temporariamente se afastando dos sentimentos negativos a seu respeito, como estará se sentindo "o tal". Na verdade, parece "que fazemos para nós aquilo que nos fizeram", assim como "fazemos também aos outros aquilo que nos fizeram". Se durante nosso processo de crescimento sofremos influências negativas em nosso autoconceito, continuaremos a infringir negativismo a nós mesmos e aos que nos rodeiam.

O MEDO DO ABANDONO

Trabalhei com inúmeros clientes que preferiam permanecer num relacionamento destrutivo a ficar sozinhos. Com freqüência eles se submetiam a situações constrangedoras, mas persistiam nelas porque estavam convencidos de que "amavam" a pessoa com quem viviam. Cathy, por exemplo, foi uma menina que nunca se sentiu amada nem aceita. Percebeu que na idade adulta prejudicava seus relacionamentos numa insaciável ânsia de amor, afeto e atenção. Vivia perguntando ao namorado se ele a amava. Nunca se satisfazia com as respostas. Relatou-me que se ele a abandonasse ela não seria "ninguém". Queria que ele preenchesse suas necessidades de infância.

PERFECCIONISMO

Se durante a infância e a adolescência fomos valorizados apenas por nossas realizações e não pelo que éramos, poderemos, na idade adulta, ser ininterruptamente impelidos a buscar realizações maiores. Só nos consideraremos dignos se nos sentirmos realizados. E, mesmo quando alcançamos nossos intentos, jamais conseguimos preencher o vazio interior – nada nos satisfaz. Poucas vezes nos sentimos completamente felizes com nosso desempenho. Quando comparamos nossas realizações com as de outros que nos parecem melhores que as nossas, nos sentimos pior ainda. Assim perpetuamos continuamente nosso sentimento de inadequação.

O perfeccionismo não só implica o aumento da insatisfação pessoal como pode infiltrar-se em todas as áreas da nossa vida. Talvez você consiga perceber que fica sempre criticando seu parceiro em tudo que ele ou ela faz, porque nada está "suficientemente bom", ou está sempre mudando de relacionamento na tentativa de encontrar o "par perfeito". Talvez você trabalhe tão duro para se realizar que não tem tempo para dedicar a outra pessoa. Ou, quem sabe, para você a vida seja uma luta tão penosa que não há espaço para apenas "ser" – e você acaba se tornando um ser humano que "faz" em lugar de "ser".

O USO DE MECANISMOS DE DEFESA

Como definir o que é a realidade? Usualmente, ela é qualquer coisa em que acreditamos; portanto, de certa maneira, criamos nossa própria realidade. Às vezes, distorcemos nossa percepção da realidade com o intuito de nos proteger de sentimentos negativos. Para isso usamos mecanismos de defesa ou estratégias para evitar a angústia. Em vez de lidar diretamente com a experiência, nós a evitamos. Indivíduos com baixa auto-estima estão sempre inclinados a apresentar comportamentos de autoproteção, vivem na defensiva e exageram no emprego de estratégias psicológicas para se preservar.

Todos nós, de vez em quando, lançamos mão de nossas defesas. Em curto prazo elas nos ajudam a ajustar-nos mais facilmente. Porém, em longo prazo, os mecanismos de defesa podem se tornar uma forma regular de evitarmos lidar com situações estressantes ou com problemas, ou, na verdade, de enfrentar novos dados a nosso respeito. A seguir apresentamos os mecanismos de defesa mais comuns.

Negação

Se uma realidade externa se apresentar ameaçadora, podemos negar sua existência. O trauma da morte de um ente querido, por exemplo, pode ser forte demais para que o absorvamos de uma só vez. No começo agimos e falamos como se a pessoa ainda estivesse viva. Lentamente, passamos pelo processo de luto e ficamos mais preparados para lidar com o choque. A realidade mergulhada na negação é substituída por emoções como raiva e tristeza.

Pessoas com baixa auto-estima abusam dos mecanismos de defesa da negação quando deparam com informações que não condizem com o ponto de vista negativo que têm sobre si mesmas. Por exemplo, quando uma mulher com baixa auto-estima recebe um elogio do marido, ela nega o que ouviu ou racionaliza o que foi dito sob outro aspecto, pensando: "Ele só está dizendo isso para que eu me sinta bem". Ela reage assim porque o elogio vai contra aquilo que ela pensa a seu respeito.

Repressão

Enquanto a negação relaciona-se com a realidade exterior, a repressão é uma defesa contra as ameaças interiores. É um processo subconsciente; o indivíduo não tem idéia do que está reprimindo. Se quando criança, por exemplo, você sentiu hostilidade contra sua mãe, ou raiva, esses sentimentos e lembranças podem ficar reprimidos para evitar que você se angustie, pois a idéia de que você "deve amar sua mãe" está presente na sua percepção de si mesmo. A repressão desses sentimentos resulta na alienação de uma parte do seu eu. A depressão é freqüente nesses casos.

Projeção

Se temos certos traços ou qualidades que repudiamos ou desconhecemos, uma das maneiras de lidar com eles pode ser atribuí-los aos outros, geralmente de forma exagerada. Como a repressão, esse mecanismo também atua fora do nível consciente. Se, por exemplo, você se sente irritado, pode acusar seu cônjuge de estar de "muito mau humor". Conscientemente, você acha que o "problema" é do outro.

Elaboração da reação

Este mecanismo de defesa pode surgir para assegurar à pessoa que os sentimentos reprimidos por ela permanecerão no inconsciente. Isso pode fortalecer as sensações opostas ao sentimento reprimido. Por exemplo, se você reprimiu o sentimento de que não é uma boa pessoa, pode comportar-se de determinada maneira que o ajudará a sentir-se uma boa pessoa. Isso implicaria "ser tolerante com seus defeitos", o que justificaria ou não manter diante dos outros uma postura irreal, mas evitaria o confronto com seus verdadeiros sentimentos. Outro exemplo dessa estratégia é quando a pessoa, por se sentir pouco importante, mantém a emoção reprimida e mostra-se arrogante e agressiva, exagerando o próprio valor.

Os mecanismos de defesa, como certas drogas, reduzem os sintomas ou manifestações de um problema sem contudo eliminar-lhes a causa. Em última análise, evitar ou distorcer a percepção da realidade por longo tempo impede a mudança de comportamento do indivíduo. Conhecer a realidade e lidar com ela leva a uma melhora efetiva do processo emocional e da solução dos problemas.

VÍCIOS

O vício pode ser definido como qualquer processo utilizado compulsivamente para evitar ou camuflar uma realidade intolerável. Pessoas com baixa auto-estima costumam com freqüência sofrer de depressão. Hábitos que causam dependência podem alterar o estado de espírito e, assim, superficialmente, esses indivíduos aceitam a enganosa idéia de que sua vida está melhorando. A verdade, contudo, é que alguns vícios podem ameaçar sua vida. A seguir enumeramos alguns vícios e obsessões mais comuns:

- comer em excesso;
- comer muito pouco;
- fumar;
- ingerir álcool ou outras drogas;
- trabalhar demais;
- fazer limpeza compulsivamente;
- jogar;
- fazer sexo;
- intelectualizar sentimentos;

- culpar os demais;
- cuidar dos outros e ajudar;
- rituais religiosos.

Quando provocam dependência e obsessões, não é possível tratar os sentimentos. Para recuperar um viciado é preciso fazê-lo sentir-se melhor sobre si mesmo e aprender a lidar diretamente com a vida.

CONSCIÊNCIA DOS SENTIMENTOS, NECESSIDADES E DESEJOS

A baixa auto-estima parece andar de mãos dadas com o sentimento de inferioridade. As pessoas com baixa auto-estima têm uma vaga sensação do próprio eu, porque evitam aprender mais sobre si mesmas. Essa posição parece ser a de que se você não tem segurança sobre sua natureza tenderá, em última instância, a evitar conhecer-se melhor. Lembro-me de uma cliente que sempre respondia "Não sei", todas as vezes que eu lhe perguntava o que estava sentindo. Estava tão "desligada" de si mesma que não tinha a menor idéia de como se sentia. Se estivesse relatando algo traumático, começava sorrindo inadequadamente e depois ria do que estava contando. Um caso parecido foi o de uma cliente que chegou ao meu consultório sentindo-se muito "confusa" no primeiro dia. Dizia não saber o que estava sentindo, porque de um minuto para o outro passava a sentir os "sentimentos dos outros" em lugar dos seus. Seus pensamentos mais pareciam ser de sua mãe que dela própria. Não tinha a menor idéia do que *ela* queria ou precisava na vida. Não tinha identidade.

Se, na infância, suas necessidades emocionais não foram preenchidas, a autodefesa e a autoproteção que se instalarem podem prejudicar o conhecimento de quem você realmente é. Ao sentir-se um fracasso, será mais fácil comprometer-se com esse sentimento, criando um falso conceito sobre si próprio. Se, por exemplo, você só recebeu um elogio quando foi "bonzinho", pode assumir um falso "eu bonzinho". Aí você se esconde atrás dessa fachada defensiva, tornando-se amigável e sempre dizendo as coisas "certas" e se comportando da maneira "correta". Age assim não em benefício dos demais, mas para que os outros pensem bem de você e lhe dêem toda a atenção de que necessita.

Ser "bonzinho" o tempo todo não só afeta nossa capacidade de espontaneidade, criatividade e serenidade, como se torna um trabalho custoso, irreal e, no final das contas, desonesto. Bloqueia o crescimento do potencial emocional daqueles que nos rodeiam, porque no típico caso de "deixa comigo" nós os privamos da oportunidade de aprenderem com seus erros ou com comportamentos inadequados. Enfim, o fato de sermos "bonzinhos" o tempo todo também tolhe nosso desenvolvimento, porque se somos vistos como "muito bonzinhos" pode ser mais difícil para os outros nos dar um retorno negativo verdadeiro. Finalmente, sermos sempre "bonzinhos" significa esconder quem realmente somos, não saber quando somos amados de fato, porque estamos sempre deixando que os outros vejam o que queremos que vejam.

A QUESTÃO DO CONTROLE

Como vimos, as noções de auto-estima e a criação de um falso eu estão interligadas. Pessoas que adotam um falso eu sentem o tempo todo a necessidade de estar no controle. É como se achassem que, se baixarem a guarda, serão descobertas – poderão expor seu verdadeiro eu, que consideram de alguma maneira inadequado. A necessidade de estar no controle pode manifestar-se na compulsão pelo poder. Quando uma pessoa está em posição de destaque, pode sentir-se menos vulnerável a ser "exposta". Por exemplo, alguém pode decidir esconder-se atrás de diplomas e de uma carreira proeminente. O emprego é o papel que representa sua identidade. Muitos desses indivíduos freqüentemente se tornam *workaholics*. Enquanto estão trabalhando são poderosos.

Pessoas que sentem a necessidade de controlar também podem expressar o desejo de manter sua vida o mais previsível possível. Esses indivíduos evitam correr riscos e são sempre resistentes a mudanças. A rigidez de seu conceito de como as coisas "devem ser" pode resultar em crenças inapropriadas e mal adaptadas. A parte final deste capítulo esclarece como a necessidade de controle pode dificultar a tomada de decisão e apresenta seus efeitos nocivos na comunicação de idéias.

TOMADA DE DECISÃO

Tomar uma decisão pode ser difícil para os indivíduos com baixa auto-estima porque, como eles têm uma imagem pobre do seu eu, sentem-se freqüentemente inseguros sobre o que querem da vida. Além disso, a necessidade de ser perfeccionista e de controlar os resultados pode impedir alguém com baixa auto-estima de tomar decisões. O medo de trilhar um caminho "errado" pode deter o movimento para adiante.

Freqüentemente, parece que a decisão foi tomada, mas, na realidade, um caminho seguro e familiar foi escolhido como meio de adiar uma "verdadeira" tomada de decisão. Enquanto postergam e não se arriscam na vida, apenas deixam as coisas acontecer, provavelmente essas pessoas acabam sentindo-se vítimas das circunstâncias. Isso contribui ainda mais para o desgaste da auto-estima.

Melissa estava saindo com um homem casado. Ela nunca sabia quando ele telefonaria marcando o encontro. Ele prometera que no devido tempo abandonaria a mulher, mas cinco anos já haviam se passado desde então. Algo sempre acontecia e o obrigava a adiar a separação. Melissa queixava-se amiúde aos amigos sobre a situação insatisfatória que vivia. Sentia-se infeliz, mas nunca tomava a decisão de terminar o relacionamento porque tinha medo de ficar sozinha. Assim ela optou pelo que lhe era mais seguro e familiar – continuou a viver na esperança de que, mais dia menos dia, o amante largasse a mulher.

INICIANDO A COMUNICAÇÃO COM OS OUTROS

Como vimos no Capítulo 1, a percepção que temos de nós mesmos parece formar-se e desenvolver-se de fora para dentro, surgindo principalmente das experiências que tivemos com os demais. Uma das maneiras de começarmos a nos descobrir é entrar em contato com um grande número de pessoas e experiências. Pessoas com alta auto-estima sabem que podem ser agradáveis no relacionamento com os outros. Ao atenderem às suas necessidades interagindo com os demais, encaram com otimismo essas experiências. Por outro lado, aqueles que possuem baixa auto-estima consideram, de antemão, que seus relacionamentos serão frustrantes e difíceis. Não crêem que podem atender às próprias necessidades por meio de relacionamentos.

Pesquisas mostram a relação entre baixa auto-estima e ansiedade no ato de comunicar-se. Comparadas às pessoas com alta auto-estima, aquelas com baixa auto-estima consideram-se menos positivas, mais inibidas e ineptas durante uma conversação. Sentem-se mais aflitas e ansiosas na expectativa de fracasso no trato social. Esses indivíduos também esperam mais avaliações negativas dos demais, se comparados aos que têm alta auto-estima.

Parece normal que se você sofre de baixa auto-estima procure proteger-se, evitando ficar no centro das atenções – o que, segundo sua expectativa, poderá colocá-lo em maus lençóis. Ao contrário daqueles com alta auto-estima, você vai preferir não iniciar uma conversa. Pesquisas nessa área demonstram ser esse o caso (consulte as leituras recomendadas). Em casos extremos podem aparecer fobias sociais. A forma mais comum desse tipo de fobia é o medo de embaraçar-se ou mostrar-se visivelmente ansioso enquanto se está sendo observado por outras pessoas.

Você pode explorar suas tendências à disposição para comunicar-se na escala apresentada no teste a seguir. O resultado é obtido somando-se a pontuação alcançada em todas as situações e dividindo-se esse número por 12. O número mais alto a ser obtido é 100. Para nossos objetivos, qualquer número acima de 50 indica boa disposição em comunicar-se com os outros, e qualquer número abaixo de 50 indica fraca disposição para iniciar um contato com os demais. Quanto mais alto seu escore, maior sua tendência a comunicar-se e, quanto mais baixo, menor sua disposição em fazê-lo.

Este capítulo procurou mostrar que existem diversos níveis do eu. A figura da página 33 apresenta esses níveis conforme foram expostos.

A camada externa é o falso eu (aparência defensiva). Se continuamos a viver nesse nível, vamo-nos sentir sempre alienados, pois estaremos eternamente nos escondendo de quem somos na realidade. Se tirarmos a camada protetora do falso eu (a percepção de nós mesmos baseada na interação com o meio e com os demais, principalmente na infância), nosso verdadeiro eu será revelado. Uma das maneiras de conhecermos melhor esse eu verdadeiro é entrarmos em contato com um número cada vez maior de pessoas e situa-

> **Qual sua disposição para comunicar-se?**
>
> Abaixo estão relacionadas doze situações em que alguém pode ou não sentir vontade de se comunicar. Sinta-se livre para escolher. Decida de quanto tempo gostaria de dispor em cada situação específica.
> Nunca = 0   Sempre = 100
>
> 1. Fazer uma palestra para um grupo de estranhos
> 2. Falar com um conhecido enquanto aguarda na fila
> 3. Falar a um grupo grande de amigos
> 4. Falar a um pequeno grupo de desconhecidos
> 5. Falar com um amigo enquanto espera na fila
> 6. Falar num grande encontro com conhecidos
> 7. Falar com um estranho enquanto espera na fila
> 8. Dar uma palestra a um grupo de amigos
> 9. Falar a um pequeno grupo de conhecidos
> 10. Falar num grande encontro com desconhecidos
> 11. Falar num pequeno grupo de amigos
> 12. Apresentar uma palestra a um grupo de conhecidos
>
> **Total:** Some os pontos e divida o resultado por 12.

ções para aumentarmos o otimismo, o realismo e a clareza. Entretanto, deve ter ficado mais evidente neste capítulo como a auto-estima daqueles que nos rodeiam muitas vezes camufla o *feedback* que nos dão a nosso respeito. Por isso, o que os outros parecem pensar sobre nós é uma fonte altamente duvidosa, na qual está baseado o pensamento que criamos sobre quem somos na verdade. Um dos mais importantes meios de descobrir quem realmente somos e aumentar a confiança em nossa auto-estima é ter coragem de explorar e desobstruir os níveis mais profundos – e começar a acreditar mais em nós mesmos em lugar de depender da opinião dos outros. No próximo capítulo começaremos a gratificante jornada que nos indicará uma infinidade de possibilidades.

Embora você tenha uma opinião formada sobre sua auto-estima, sempre terá meios de melhorar sua situação. Os próximos capítulos objetivam fornecer-lhe novas probabilidades e estratégias para instigá-lo a mudanças positivas que o ajudarão a evoluir.

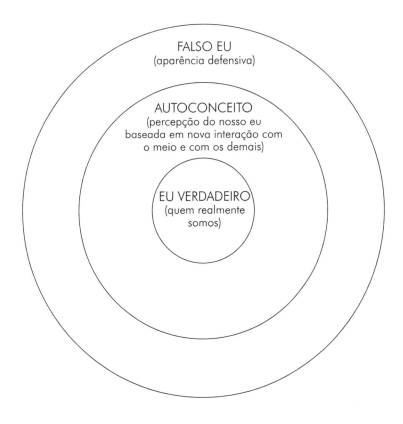

CAPÍTULO 3

Você está pronto para mudar?

"Por favor, mostre-me o caminho que devo seguir." "Depende muito de aonde você quer chegar", respondeu o gato. "Não me importo muito com isso", disse Alice. "Então não faz diferença qual caminho tomar", retrucou o gato.

Lewis Carroll[1]

Muitos fatores podem influenciar sua vontade de começar a se sentir melhor consigo. Este capítulo trata de algumas questões básicas sobre as mudanças. O objetivo é ajudar você a se beneficiar das muitas capacidades e técnicas descritas nos capítulos subseqüentes.

VOCÊ SE SENTE "VÍTIMA"?

Muitos de nós levamos a vida como se fôssemos "vítimas". Especialmente quando estamos sofrendo de baixa auto-estima, ficamos inclinados a transferir para os outros uma responsabilidade que é nossa. Também não nos consideramos responsáveis pela vida, que nem sempre é como desejaríamos que fosse – temos outras pessoas a quem culpar!

Jenny estava nervosa e deprimida quando chegou para uma sessão de aconselhamento. Culpava a atitude rigorosa de seus pais, seu marido controlador e uma porção de pessoas e fatos pelos horríveis momentos que enfrentava. Se as pessoas e a vida fossem melhores, então ela poderia ser feliz. Peter chegou à sessão acreditando que alguém teria todas as soluções para seus problemas e poderia, finalmente, resolver sua situação. Na primeira sessão forneceu um número mínimo de informações e manteve os braços cruzados o tempo todo. Sem esforçar-se durante a hora que passou com o terapeuta, saiu da sala acreditando que o "aconselhamento não funciona". Muitas pessoas são como Jenny e Peter. Adiam o momento de sentir-se bem enquanto ficam refesteladas esperando que alguém se mexa para resolver suas dificuldades. Nesse meio tempo a vida vai passando. Você se considera vítima? As próximas histórias descrevem duas diferentes formas de reagir a uma situação. Gostaria de saber com qual delas você se identifica.

Passavam dez minutos da meia-noite quando soou o alarme de incêndio. A maioria dos hóspedes já havia se recolhido a seus quartos num luxuoso hotel cinco-estrelas, escolhido por sua localização tranqüila numa região campestre de Londres. Quando todos estavam do lado de fora, os bombeiros afirmaram que já podiam voltar em segurança para o hotel – era alarme falso. Uma hora depois o alarme voltou a disparar. Os hóspedes tiveram de se sujeitar a esse ir e vir por *sete* vezes durante a noite!

Na manhã seguinte, a recepção do hotel estava cheia de gente com olhos embaçados e aparência irritada. Frank entrou na fila para falar com a recepcionista. Assim que ela se voltou para atendê-lo, ele no mínimo esperava uma explicação sobre o que tinha ocorrido na noite anterior. Em vez disso, ela apenas sorriu e amavelmente perguntou: "Então, senhor, como deseja pagar?" Louco da vida, sem saber o que dizer, Frank apressou-se em pagar, praguejando.

Quando chegou a vez de Joe, ele imediatamente quis falar com o gerente do hotel. Quando ele apareceu, Joe, educada mas firmemente, afirmou que se sentiu desapontado com o hotel. Relatou que esperava, particularmente de um hotel daquele nível, uma explicação sobre o que acontecera, um pedido de desculpas e alguma compensação na diária pela noite tumultuada. O gerente então explicou que o sistema de alarme apresentou um defeito que levou muitas horas para ser detectado. Desculpou-se pelo ocorrido e perguntou a Joe se ele aceitaria passar um fim de semana sem custos na primeira noite, à escolha dele, como compensação. Joe aceitou e agradeceu ao gerente.

Frank deixou o hotel sentindo-se nervoso e frustrado. Ficou de mau humor o resto do dia, reclamando de qualquer coisa que o desagradava. Por outro lado, Joe estava exuberante. Assumiu o controle da situação e obteve o resultado esperado. Ficou contente com a compensação; porém, mais do que tudo, sentiu-se bem por ter tomado uma atitude.

Se você tivesse sido um dos hóspedes do hotel naquela noite, teria agido como Frank ou como Joe? O próximo exercício vai ajudá-lo a explorar mais a fundo seu *"status de vítima"*.

EXERCÍCIO

Você se sente vítima? Você saberá se escolheu o papel de vítima respondendo a algumas questões hipotéticas. Compare o número de respostas "sim" e "não" e tire suas conclusões.

1. Uma amiga lhe pede freqüentemente que cuide das crianças dela enquanto ela vai fazer compras. Você se aborrece com a situação. Tem algum problema em dizer "não" na próxima vez em que ela pedir?
2. Você e sua(seu) companheira(o) planejaram sair à noite. Você se sente cansado(a) e preferiria uma "noite tranqüila" em casa. Você se sente incapaz de expressar seus sentimentos?

3. Você iniciou um novo relacionamento. Costuma se desculpar por suas atitudes e idéias?
4. Quando sai com amigos quase sempre acaba fazendo o que eles querem, e não o que você quer?
5. Num restaurante a carne lhe parece ligeiramente malpassada. Você reclama ao garçom ou deixa por isso mesmo?
6. Uma pessoa que trabalha por uma causa com a qual você não tem interesse em contribuir coloca uma caixa de doações embaixo do seu nariz. Em lugar de dizer "não, obrigado" você põe algum dinheiro na caixa?
7. Você está sempre se queixando aos amigos de como as pessoas lhe trataram mal?
8. Ao observar em casa um casaco novo que acabou de comprar, você descobre um pequeno furo em uma das mangas. Você fica angustiado com o fato de voltar à loja e pedir que troquem por outro?
9. Um amigo se atrasou *de novo* para sair com você. É difícil para você dizer-lhe como se sente?
10. Você detesta seu emprego. Conforma-se com a idéia de que simplesmente tem de suportá-lo?
11. Você percebe que talvez tenham lhe cobrado a mais na mercearia. Você evita comentar com o caixa?
12. Uma amiga vai visitá-lo em casa mas está demorando muito para ir embora. Você espera que ela saia logo, porém não diz nada?
13. Um parente pediu-lhe algum dinheiro emprestado e prometeu devolver em uma semana. A semana passou e ele não tocou no assunto. Você fica constrangido em falar com ele a esse respeito?
14. Seu relacionamento está passando por uma fase difícil. Você acha que sua tendência é culpar seu cônjuge?

NINGUÉM PODE MUDAR VOCÊ – SÓ VOCÊ MESMO

No final das contas, quer você utilize este livro sozinho ou com um terapeuta, a mudança só acontecerá quando você decidir. Ninguém lhe acenará com uma varinha de condão, proporcionando-lhe imediata alta auto-estima – a mudança só poderá brotar de dentro de você. Somos todos seres humanos independentes e responsáveis por nós mesmos. Só *você* poderá ser seu cavaleiro de armadura reluzente. Ninguém tem condições de mudar as pessoas ou os acontecimentos (embora, é interessante, quando *nós* mudamos possa ocorrer um efeito dominó em algumas circunstâncias). Contudo, nós é que controlamos a maneira de reagir às pessoas e aos acontecimentos. Como adultos, também decidimos o que integrar ao conceito que temos sobre nós. Paremos de culpar a tudo e a todos pelo que sentimos. Temos de assumir o controle e decidir fazer um esforço para tornar nossa vida melhor. O passado já se foi e o futuro será criado por nós. Procure fazer diferença *agora*!

Este livro lhe oferece uma variedade de modos de trabalhar consigo mesmo para ajudá-lo a alcançar mudanças positivas. É importante saber que só ler o livro não basta. Muitas das técnicas vão requerer prática constante e regular. O que você pretende fazer para atingir aquilo que deseja? Seu compromisso vai depender muito de quanto deseja alcançar e também de manter uma opinião mais verdadeira sobre você mesmo.

AQUILO QUE DESEJA SER E COMO CHEGAR LÁ

Em vez de lidar com noções vagas sobre aquilo que pretende mudar em sua vida, é importante que fique bem claro o que você deseja. É bom perguntar-se regularmente: "O que de fato eu quero?" Porém, pode ser difícil saber o que você quer se você não tem o hábito de admitir seus sentimentos. Por exemplo, se você passou o tempo todo dando as rédeas de sua vida a outras pessoas, talvez tenha originado dentro de si um acúmulo de emoções negativas. Muitos de nós achamos inadmissível produzir ou administrar tais sentimentos externamente, por isso com freqüência eles são reprimidos. Quanto mais negamos nossas emoções negativas, mais elas se acumulam em nosso interior. Negar nossos sentimentos é negar a nós mesmos. Só reconhecendo suas verdadeiras emoções você pode começar a trabalhar com a realidade de forma construtiva, recuperando seu poder e assumindo atitudes concretas em relação aos seus objetivos. É muito proveitoso parar de vez em quando o que você está fazendo durante o dia e mentalmente confessar a si mesmo o que está sentindo naquele momento, começando a frase com estas palavras: "Estou sentindo..."

Com o tempo, quando se tornar mais consciente e afinado com seus desejos e sentimentos, estabelecendo metas claras, será bem mais fácil. Imagine a vida de "outro jeito", assumindo situações específicas, mentalizando a forma como gostaria de se sentir e atuar e as qualidades que gostaria de ter. Que diferença isso faz em relação ao que você é agora? Algumas pessoas acham interessante identificarem-se com o papel de algum modelo que exemplifique o comportamento desejado, alguém que eles conhecem ou uma criatura imaginária.

Nem é preciso dizer que antes você precisa trabalhar para aprimorar sua auto-estima, sua necessidade de querer mudar. Entretanto, apenas querer não é o bastante. Muita gente, enquanto está desejando mudar, ainda tem dúvidas sobre o que mudar. Continuam repetindo as mesmas atitudes que já tentaram no passado, talvez sem uma orientação mais clara, e então sentem-se frustrados quando nada se modifica em sua vida. Se você sente que não está avançando como queria, talvez seja o momento de tentar algo diferente. Este livro lhe oferece uma série de áreas em que você pode experimentar diversas formas de trabalhar em si mesmo. Se achar que determinada técnica não lhe serve, simplesmente tente outra. Descubra o que melhor se adapta a você.

EXERCÍCIO

1. Identifique as coisas que você deseja para sua vida. Trace metas específicas. Coloque-as num papel (para muita gente, compromissos por escrito tornam o trabalho mais convincente!).
2. Sempre que possível, divida as metas principais (as de curto prazo e longo prazo) em passos mais exeqüíveis. Estes, por sua vez, podem ser fragmentados em passos ainda menores. Certifique-se de que suas metas são realistas, assim como sua expectativa quanto ao nível de benefício que obterá ao trabalhar com você mesmo.
3. Dedique algum tempo para revisar suas metas e o progresso obtido com o passar das semanas ou meses para ajudá-lo a manter-se concentrado, mas admita alguma flexibilidade.

Lembre-se: você não está apostando corrida! O desenvolvimento é um processo gradual e pode ser notado de tempos em tempos, quando um pequeno ganho foi observado. A paralisação ou os contratempos, que são apenas temporários, são normais e necessários ao processo global de mudança. Seja paciente. Uma vez que você continua a trabalhar consigo mesmo e com seus anseios, não levará muito tempo antes que esteja dando um passo adiante de modo concreto uma vez mais. Anote seu sucesso intermediário na sua jornada rumo ao objetivo principal. Definir e trabalhar na aquisição de metas é uma tarefa poderosa que contribui muito para a melhora da auto-estima.

O QUE O IMPEDIU DE MUDAR ATÉ AGORA?

Algumas vezes as pessoas não têm idéia de como alcançar seus objetivos, mas têm dois tipos de opinião sobre a mudança: parte delas é a favor e parte sente algum desconforto em relação a ela. Lembro-me de uma cliente que veio me ver depois de ter sido tratada de depressão por muitos anos. Quando estávamos investigando o modo como ela queria ser e por que não estava obtendo progressos nas suas tentativas, ela admitiu que se sentia realmente infeliz, mas que pelo menos era uma "infelicidade previsível". Uma parte dela temia que, se começasse a sentir-se bem consigo mesma, outras pessoas perceberiam sua recém-adquirida confiança e exigiriam mais dela. Morria de medo de decepcionar a si e aos demais. Sentia-se dividida ao meio – uma das partes queria livrar-se da infelicidade dos últimos anos, enquanto a outra metade, embora infeliz, sentia certa segurança em manter-se naquela posição, pois assim evitava o medo e a desconfiança que a melhora de sua auto-estima poderiam provocar. É o caso típico do "ruim com ele, pior sem ele"!

Talvez, seja qual for o nível de sua auto-estima, você não tenha mudado porque sua mente, certa ou errada, acredita que obtém algumas vantagens em permanecer onde está – por exemplo, a vantagem de só ter de lidar com aquilo que lhe é familiar. Conhecer qualquer tipo de compensação a esse respeito pode torná-lo mais "livre". Você pode encontrar uma alternativa, um meio mais apropriado de obter vantagens, ou simplesmente superar essa alternativa com uma lista mais longa de vantagens disponíveis se você estiver pronto para mudar. O exercício que se segue traz a oportunidade de negociar uma transformação positiva em sua mente, por meio da exploração dos benefícios a serem colhidos ao aprimorar sua auto-estima.

EXERCÍCIO

Anote todas as possíveis vantagens e desvantagens em conservar seu atual nível de auto-estima. Em seguida relacione as vantagens e alguma desvantagem em melhorar sua auto-estima. Compare ambas as listas para melhorar sua vontade de se dedicar a uma mudança positiva.

ALGUMAS PALAVRAS SOBRE O MEDO

As pessoas com baixa auto-estima são conhecidas por serem cautelosas e hesitantes diante da vida. Seu maior medo é assumir riscos porque, segundo elas, possivelmente resultarão mais adiante na perda da sua auto-estima. Então, passam a maior parte do tempo evitando arriscar-se. As coisas se agravam quanto mais elas tentam resguardar sua auto-estima daquilo que para elas seria a possibilidade de fracasso. O mundo vai se tornando cada vez mais limitado à medida que vão assumindo menos riscos.

Se você espera que o medo desapareça antes de tentar mudar, talvez precise esperar muito tempo. Quanto mais evitar situações e comportamentos que lhe provoquem medo, maior será sua angústia. O único modo de lidar com o medo é trabalhar nele. Isso poderá ser um desafio se você derrubar as barreiras da "zona de conforto"; mas, sem dúvida alguma, o sentimento de viver sem saída e à sombra do medo se extinguirá. Quanto mais você confrontar-se com o medo, melhor vai se sentir. Adquira o hábito de criar todos os dias uma pequena situação que o obrigue a desenvolver antecipadamente uma atitude corajosa. Talvez um telefonema que tem se esquivado de dar, ou uma atitude mais clara diante de alguém próximo a você. Todo o mundo tem medo de aventurar-se em algo novo – é muito natural. Você não está sozinho nesta situação. Como afirma Susan Jeffers, "Sinta medo, mas mesmo assim vá em frente!"[2]

BUSQUE AJUDA DAS PESSOAS À SUA VOLTA

A amizade com pessoas confiantes pode ensiná-lo a ser confiante, do mesmo modo que as pessoas negativas podem ensiná-lo a ser negativo. Você deve se beneficiar do contato com as pessoas que estão perto de você e querem ajudá-lo e apoiá-lo em seus esforços para mudar. Cuidado com aqueles que tentam sabotar suas realizações. Talvez eles percam alguma coisa se você mudar o "antigo você" e de repente começar a expressar seus anseios e necessidades. Por exemplo, podem não querer ver a pessoa que estava sempre pronta a ouvir os lamentos deles e satisfazer seus desejos começar a desaparecer diante dos seus olhos! Talvez você deva ficar atento e se distanciar de algumas pessoas. Contudo, antes de tomar qualquer atitude precipitada, lembre-se de que primeiro você precisa de algum tempo para se acostumar com as próprias mudanças, assim como seus amigos também precisam de tempo para se adaptar. O ideal seria que um dos seus amigos mais íntimos também resolvesse melhorar a própria auto-estima! Assim vocês poderiam trabalhar juntos, encorajando e motivando um ao outro ao longo da jornada rumo à mudança.

GRATIFIQUE E RECOMPENSE A SI MESMO

Recentemente, comecei a dar aulas e me propus ir ao curso pelo menos duas vezes por semana. Em uma semana em que eu havia lecionado apenas uma vez, tive vontade de faltar porque me sentia muito cansada. Tinha a desculpa de que meu marido ficara com o carro e eu não poderia chegar ao centro esportivo. Entretanto, decidi fazer um esforço. Chamei um táxi e na hora exata estava lá só para descobrir que a aula havia sido cancelada. Em lugar de ficar chateada por não ter cumprido minha meta naquela semana, senti que pelo menos tinha despendido um esforço para ir ao curso. Não importa o resultado nem em que patamar se encontra seu progresso: congratule-se por continuar se esforçando para mudar.

Além de congratular-se pelo esforço em tentar alcançar suas metas, por que não dedicar a si mesmo uma atenção especial? Muitas pessoas não pensam em fazer isso, embora estejam sempre prontas a fazê-lo pelos demais. Por que não presentear-se hoje com algo que lhe seria muito prazeroso, como dar uma caminhada, tomar um banho de espuma relaxante ou comprar um belo buquê de flores? Faça com que você se sinta a criatura especial que é.

EXERCÍCIO

Quando pergunto aos meus clientes como podem recompensar-se fazendo progressos e arranjando tempo para continuar a trabalhar em si mesmos, eles costumam me olhar sem demonstrar nenhuma expressão! Dedique algum tempo para anotar dez diferentes coisas que podem lhe proporcionar satisfação, como recompensa por seus esforços em mudar e alcançar seus objetivos.

É MUITO BOM AMAR A SI MESMO!

Com toda certeza, na época em que eu estava crescendo, o pior insulto que alguém podia atirar na minha cara era: "Você se acha demais!" As pessoas que me rodeavam pareciam enxergar os que amavam a si próprios como "convencidos" e "egoístas". Idéias assim se encaixam naquelas religiões que gostam de enfatizar que somos "pecadores" e "indignos"!

Amar a si mesmo não significa ser "convencido". Na realidade, o oposto é que é verdadeiro. Pessoas que agem assim têm baixa auto-estima em vez de alta. Quanto a sermos "egoístas" porque nos amamos, mostrei nos capítulos anteriores que a maneira como tratamos os que nos rodeiam depende de como nos sentimos interiormente. Se nos sentimos negativos vamos, em última análise, influenciar negativamente os outros, enquanto se amamos a nós mesmos teremos mais condições de amar os outros. Não nos sentiremos tão carentes e, portanto, estaremos mais disponíveis para ajudar o próximo. Então, amarmos a nós mesmos não só é bom como é vital se desejamos amar os outros plenamente. O amor-próprio começa com a auto-aceitação. Aceitar nossas limitações e nossas capacidades. Ninguém é perfeito.

Este capítulo esclareceu e explorou fatores que podem influenciar sua vontade de mudar. Essa pedra fundamental vai prepará-lo melhor para a jornada que vem pela frente.

CAPÍTULO 4

Elogios e críticas

Devemos estar sempre cientes de que é nossa mente que cria o mundo.

Ken Keys[1]

Em geral, pessoas com baixa auto-estima encontram-se numa posição desvantajosa: como desaprovam o próprio comportamento, acham difícil aceitar elogios e são muito sensíveis às críticas dos outros. Apesar de todas as experiências diárias indicativas de que eles não são indivíduos inadequados, suas crenças negativas são continuamente reforçadas. Com as informações sempre negativas que se introduzem em sua já vulnerável percepção de si, eles envolvem-se numa espiral que afunila e rebaixa ainda mais sua auto-estima.

Antes de aceitar elogios e aprender a lidar efetivamente com as críticas, é necessário conhecer a si mesmo e aquilo que *você* considera suas forças e suas fraquezas. Também é importante assumir o controle, mentalmente, das fugas constantes das "críticas interiores". Se você sente que está preso a uma espiral descendente de baixa auto-estima, este capítulo vai orientá-lo a "libertar-se" e mudar. Isto inclui se dedicar a tarefas que o ajudem a explorar um ponto de vista mais positivo, equilibrado e sincero sobre si mesmo.

CONHECENDO A SI MESMO

Normalmente, supervalorizamos a opinião dos outros. Em lugar de ficarmos sempre contando com a opinião deles, seria melhor que tivéssemos padrões e medidas próprios que avaliassem todas as áreas da nossa vida. O exercício que se segue pode ser o ponto de partida desse trabalho exploratório. Uma vez engajados no processo de aprender mais sobre nós mesmos, passaremos a não concordar com as críticas e a não nos sentirmos ofendidos quando formos vítimas de algumas críticas. (Se concordarmos com todas as críticas que são dirigidas a nós, acabaremos por nos sentir totalmente enfraquecidos.) As mensagens associadas a críticas construtivas nos farão superar obstáculos e vão ajudar-nos a ficar mais predispostos a mudanças favoráveis.

EXERCÍCIO
1. Anote cinco defeitos seus. (Não seja muito severo. Imagine que um grande amigo seu, que gosta muito de você, vai lhe mostrar esses defeitos de forma gentil.)
2. Anote cinco qualidades suas. (Novamente, imagine o que seu melhor amigo escreveria nessa lista. Só anote o que você considera realmente verdadeiro a seu respeito.)

Acho interessante observar que, quando peço aos meus clientes que façam esse exercício, a maioria considera fácil enumerar seus defeitos (apontando-os sem nenhuma piedade!), mas param abruptamente na hora de enumerar suas qualidades. É como se um desportista pendurasse na parede um certificado emoldurado, atestando que ele "participou de uma competição mas não ganhou", em lugar de exibir um troféu! Será que algum desportista se daria tão pouco valor? Se você acha que precisa recorrer à "estratégia do melhor amigo" para enumerar suas qualidades, talvez se dedique, como muita gente, a trabalhar mais suas incompetências que suas aptidões. Na próxima seção trataremos das "críticas interiores", um tópico bastante interessante.

Escreva suas qualidades num cartão e mantenha-o sempre no bolso, ou anote num diário que você deve ler regularmente. Continue a atualizar a lista. Não importa quanto uma qualidade lhe pareça simples. Inclua-a. (Talvez você saiba fazer um belo bolo de chocolate...) Continue se esforçando e aprimorando suas virtudes paulatinamente. Por exemplo, se você incluir na lista "Estou me esforçando para ser agradável com as pessoas", poderá expandi-la acrescentando "Vou elogiar fulano, porque sei que ele merece". Empregue suas virtudes ao máximo.

LIDANDO COM "CRÍTICAS INTERIORES" E PENSAMENTOS NEGATIVOS

Seus pensamentos, sentimentos e crenças a respeito de si mesmo são interdependentes (*veja* figura a seguir, que trata da relação entre solilóquio, sentimentos e crenças). O modo de conversar mentalmente consigo mesmo pode fazer uma incrível diferença na sua auto-estima. Ao se dar conta de que seus pensamentos podem criar e reforçar seus sentimentos sobre si mesmo, torna-se mais claro que é você o responsável pelo efeito que a vida exerce na maneira como você se valoriza. A menos que você interprete as coisas mentalmente e lhes confira significados, você não pode experimentar uma reação emocional. Por conseguinte, você é responsável por influenciar aquilo que deve pensar sobre si mesmo em determinado momento, fazendo escolhas em relação ao que vai pensar e como vai interpretar o mundo. Parece simples, mas dá resultado – quando você muda sua forma de pensar, deseja, no fundo, mudar suas crenças sobre si mesmo ao longo do tempo.

Se, na maior parte do seu solilóquio, você for negativo e crítico, passará a sentir-se cada vez menos digno. Lembro-me de uma cliente que veio consultar-me porque, apesar de levar uma vida privilegiada, sentia-se inútil e infeliz. Observando como ela se analisava mentalmente, vi surgir de imediato uma luz sobre a situação. Disse-lhe que, se eu permitisse que meus pensamentos corressem tão "desenfreados" como os dela, eu estaria tendo as mesmas emoções! É engraçado como muitas pessoas permitem-se conversar mentalmente com suas "críticas interiores" de um modo que jamais sonhariam falar com os outros, e com certeza julgariam totalmente inaceitáveis se viessem de outra pessoa. Indivíduos que se tratam assim em pensamento são particularmente suscetíveis em aceitar mais seriamente que o normal críticas vindas dos demais. Portanto, parte do caminho que conduz à satisfação em receber elogios e lidar efetivamente com as críticas passa pela aprendizagem de saber como combater o criticismo interno e o solilóquio negativo e nos tornarmos mais benevolentes e verdadeiros conosco mesmos.

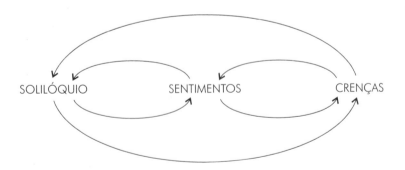

Você pode ficar imaginando de que maneira podemos ser duros e maldosos em nosso solilóquio, juntamente com o negativismo da já tão frágil percepção que temos do nosso eu. O dr. David Burns, em seu *The feeling good handbook*[2], destaca algumas maneiras de pensar que podem alterar nossa autopercepção:

- *Ou tudo ou nada.* Vemos as coisas brancas ou pretas. Por exemplo, se você for mal num exame sobre música, se considera um *total* fracasso. Pode dar um passo adiante e atribuir-se um rótulo: "Sou um idiota".
- *Exagero na generalização.* Por causa de uma experiência negativa você extrapola nas demais. Por exemplo, "Cuidei dos filhos de um amigo e foi um desastre. Certamente serei uma péssima mãe".
- *Filtro mental.* Você seleciona um sentimento negativo e permanece com ele, excluindo o sentimento positivo. Qualquer situação tem o lado bom e o ruim. Se você expuser somente o lado negativo, estará mentindo por omissão. Por exemplo, digamos que se apresente para uma entrevista e seja obrigado a responder diversas perguntas a seu respeito. Responde bem a todas, mas em uma se mostra meio vacilante. No final da entrevista, você só se preocupa com *aquela* questão.
- *Tirando conclusões apressadas.* Significa fazer interpretações negativas, mesmo que não existam fatos convincentes que comprovem essas conclusões. Por exemplo, uma amiga olha para outro lado quando passa por você na rua e você logo presume que ela a está ignorando. Na verdade, um presente que ela gostaria de dar de aniversário ao marido chamou-lhe a atenção numa vitrine e ela realmente não viu você!

Esse método de distorcer a realidade também pode provocar resultados negativos em outros aspectos da vida. Por incrível que pareça, isso pode tornar-se uma profecia autogratificante. O fato de pensar negativamente pode, na verdade, fazer que ocorra aquilo que mais tememos! Por exemplo, voltando ao caso da entrevista, você poderá contribuir para um desfecho negativo se se permitir antecipar esse resultado: "Quando eu abrir a boca para responder, sei que vou vacilar". Você pode ajudar a si mesmo de maneira positiva pensando por antecipação: "Quando eu abrir a boca para responder, vou falar com clareza, calma e segurança".

Quando você tiver mentalmente estabelecido que é excessivamente negativo e crítico, como poderá agir? Já que seus pensamentos lhe pertencem, você pode controlá-los. Faz sentido você se tornar seu melhor amigo, em lugar de ser seu maior inimigo. Pense na maneira como você fala consigo mesmo em pensamento. Faça-se a pergunta: "Se eu tivesse um amigo nestas circunstâncias, será que eu me dirigiria a ele de maneira negativa? Qual tom e ritmo de voz eu empregaria? Que diria para confortá-lo, tranqüilizá-lo, dar-lhe o apoio necessário e ainda assim ser sincero?". Agora, comece a falar consigo mesmo na mesma forma respeitosa e prestativa. Como no capítulo anterior, elogie-se e estimule-se pelos esforços que vem envidando para conseguir mudar.

Se você adquiriu o hábito de pensar de modo negativo, crítico e irreal, como poderá mudar? Costumo dar aos meus clientes a tarefa seguinte, que funciona de duas formas: em primeiro lugar, ajudando a romper o hábito de pensar negativamente; em segundo, como a técnica é praticada de forma contínua, ela estimula o hábito de pensar positivamente. Tudo que é repetido com freqüência acaba se tornando automático.

EXERCÍCIO

Começando hoje, conscientize-se de como você está se permitindo pensar e, sempre que cogitar algum pensamento negativo ou crítico, pense "pare" ou imagine uma placa de estrada com esses dizeres. Então, lidando diretamente com o assunto, transforme o foco negativo dos seus pensamentos em positivo. Torne-o o mais verdadeiro que puder. O quadro a seguir apresenta exemplos para ajudá-lo a começar. Se o hábito de desencadear pensamentos negativos estiver fortemente enraizado, você terá de exercitar-se mentalmente com mais freqüência.

SITUAÇÃO	PENSAMENTOS CRÍTICOS	INTERRUPÇÃO	ENFOQUE POSITIVO
Reler um trabalho escrito, no qual você encontrou um erro.	"Como pude ter cometido tal erro? Sou um idiota. Nunca faço as coisas bem-feitas."	"Pare!"	"Como sempre, fui consciente em meu trabalho. Vejo que a maior parte está correta, e ao relê-lo concluí que fiz o melhor que pude."

Algumas vezes as coisas mais simples são as que melhor funcionam na vida. O impacto de um pensamento crítico que contenha "eu deveria" ou "eu tenho de" pode com freqüência ser neutralizado se substituirmos essas frases por "eu posso". Além disso, buscar mudanças na natureza e na posição de uma voz interior crítica pode surtir efeitos positivos. Será que um pensamento seria menos ameaçador se, por exemplo, fosse expresso mais delicadamente e saísse com mais naturalidade?!

SEU SUBCONSCIENTE E O CAMINHO PARA A MUDANÇA

Assim que você começa a pensar positivamente, percebe que está inserindo em sua mente pensamentos nos quais não acredita com convicção. Você não deve se surpreender, uma vez que seu subconsciente em primeiro lugar vai funcionar de acordo com os condicionamentos passados.

O subconsciente é uma parte da sua mente da qual você não tem consciência. Ele abriga toda uma gama de sentimentos, crenças e auto-imagens. Qualquer pensamento consciente serve para contribuir na formação da mente inconsciente – tudo que você coloca dentro dela é o que sai dela. Portanto, se no passado você abasteceu seu subconsciente com críticas e pensamentos desnecessários, provavelmente é a negatividade que vai dominar sua mente. Se seu subconsciente for alimentado com pensamentos construtivos e positivos, como uma criança criativa, ele será suficientemente versátil para explorar e elaborar uma orientação positiva. Uma vez que você absorveu esses novos pensamentos positivos a ponto de criar boa reserva num nível profundo, uma perspectiva mais otimista poderá predominar.

Esse processo não levará necessariamente anos. À medida que se comprometem com o trabalho, os clientes geralmente relatam que alcançaram progressos em algumas semanas. O segredo é persistir nos pensamentos positivos. A repetição é importante. Quanto mais pensamentos positivos introduzir em sua mente, melhor será. Toda vez que surgir uma oportunidade, organize qualquer área de sua vida de maneira positiva.

No começo será bom incluir no seu cartão suas virtudes mencionadas antes e algumas frases e afirmações positivas, até que sua mente comece espontaneamente a gerar pensamentos eficazes. Segue-se uma lista de afirmações para você escolher como começar:

- Eu mereço.
- Sou um indivíduo digno.
- Estarei sempre pronto para mim mesmo: posso contar comigo.

- Preocupo-me comigo.
- Aceito-me sem restrições.
- Permito-me sentir-me feliz *agora*.
- Permito-me expressar meus sentimentos.
- Sou forte e criativo.
- Tenho muito para oferecer.
- Sou uma pessoa interessante.
- Sou carinhoso, cativante e amado.
- Sou calmo, confiante e responsável.
- Minha mente é clara e concentrada.
- Permito-me sentir entusiasmo pela vida.
- Cada dia que passa me sinto mais e mais positivo.
- Sou saudável e forte.
- Estou livre do passado e consegui criar um futuro mais positivo.
- Estou me tornando mais descontraído.
- Permito-me viver com paz e serenidade interiores.
- Estou pronto para sentir satisfação de viver.
- Sou mais forte do que imaginava.
- Procuro ficar na companhia de pessoas positivas.
- Aguardo com ansiedade novas experiências e novos desafios.
- Estou expulsando de minha mente pensamentos e crenças desagradáveis.
- Perdôo todas as pessoas que me rodeiam, inclusive a mim mesmo.
- Estou tornando belo o meu mundo.

RECEBENDO E FAZENDO ELOGIOS

Como reagir quando alguém o elogia? Certas pessoas costumam fazer o seguinte:

- Dão um sorriso amarelo/coram embaraçadas.

- Evitam encarar a pessoa e recusam o elogio. Por exemplo: "Esta coisa velha? Eu a comprei há anos e paguei a metade do preço numa liquidação".
- Interrompem logo o elogio, geralmente assim:

  a) Rebaixando-se: "Passei no exame por pura sorte. Tenho uma péssima memória".
  b) Fazendo uma rápida retribuição ao elogio: "Você também está com um ótimo aspecto!" (para o receptor, essas palavras soam mais como uma forma de o primeiro superar o desconforto que como um elogio sincero).

Certa vez, eu estava trabalhando com uma cliente que sofria de muito baixa auto-estima e sempre reagia mal a elogios. Relatou que "se odiava" e se achava particularmente feia. Sempre que a elogiavam ela ficava com raiva. Tinha a desagradável sensação de que ou a pessoa era "imbecil" ou estava caçoando dela.

Aprendendo a dizer "obrigado" a um elogio

Se você tivesse de elogiar uma pessoa e ela reagisse de uma das maneiras citadas, pense em como você se sentiria. Provavelmente você preferiria não fazer caso. Faça a si mesmo e à pessoa de quem recebeu o elogio o favor de admitir e aceitar o elogio. Ouça o elogio olhando nos olhos do seu interlocutor o tempo todo. Depois, sorria e diga "Obrigado". Só retribua o elogio se este for sincero. Espere alguns momentos antes de fazer isso para certificar-se de que ele será recebido como um autêntico cumprimento e não apenas um "pagamento" pelo elogio recebido.

EXERCÍCIO

Escreva alguns elogios que você recebeu no passado e anote como reagiu naquela época (respostas antigas) e como reagiria hoje. O quadro a seguir traz alguns exemplos para que você possa começar.

ELOGIO	RESPOSTA ANTIGA	RESPOSTA NOVA
"Você fez este trabalho direitinho."	"Imagine, isso não foi nada."	"Obrigado, é bom nos sentirmos recompensados."

Congratulando os demais

Qual foi a última vez que você congratulou alguém? É muito fácil adquirir o hábito de aceitar sem discutir aquilo que vem das pessoas mais chegadas, estar sempre pronto para criticá-las e nunca dedicar um tempo para elogiá-las. Pense naqueles que vivem à sua volta e em algo que realmente admire neles – depois de algumas semanas tome a decisão de dizer-lhes o que acha! Assim como aqueles que vão receber sinceros elogios, você vai se beneficiar desse exercício. Estará treinando sua mente a buscar otimismo em lugar de pessimismo e, naturalmente, quanto mais elogios fizer mais receberá elogios de volta. É contagioso!

LIDANDO COM A CRÍTICA

Ao ouvir a palavra "crítica", muita gente acha que esta se refere a algo negativo. Contudo, a verdade é que se você enfrentar adequadamente as críticas poderá aprender a se sentir melhor.

Lidando com o criticismo dos outros

Muitas pessoas têm grande dificuldade em lidar com críticas. Costumam sentir-se atacadas e, naturalmente, logo assumem uma posição de defesa. Pesquisas demonstram que indivíduos com baixa auto-estima são mais propensos a assumir um comportamento defensivo do que aqueles portadores de alta auto-estima. Quando alguém o criticar, em lugar de ficar imediatamente na defensiva, inspire fundo e recue, atendo-se mentalmente aos seguintes passos:

- Ouça as críticas até o fim.
- Elas são verdadeiras ou falsas?
- Aceite qualquer crítica verdadeira.

Vamos agora examinar cada um desses estágios detalhadamente.

Ouça as críticas até o fim

Permita à pessoa que o está criticando expressar todos os seus sentimentos negativos e se sentir ouvida antes que você "se atire em cima dela". Uma cliente me confessou que precisava criticar o marido continuamente porque ele "nunca a ouvia". Ela desejava desesperadamente ser ouvida. Uma simples técnica útil e satisfatória para casos assim é chamada de "espelhamento". Trata-se de ouvir o que a outra pessoa está dizendo e repetir, se possível, usando exatamente as *mesmas* palavras (não interprete essas palavras) para que a pessoa tenha certeza de que disse a você *exata-*

mente aquilo. Isso também lhe permite reagir à crítica em si em lugar de reagir ao que você *pensa* sobre ela. Lembro-me de quando meu marido, Mark, e eu usamos esse procedimento, enquanto tomávamos café numa confeitaria. Foi mais ou menos assim:

Mark: Quando estamos discutindo, você sempre me interrompe antes que eu termine o que tenho a dizer.
Elaine: Ouvi você dizer que quando estamos discutindo eu sempre o interrompo antes que você termine o que tem a dizer.

Embora a mulher na mesa ao lado estivesse escutando nossa conversa com muito interesse, continuei a insistir na técnica do espelhamento. Fiquei em posição de lidar com o criticismo de Mark. Ele se sentiu ouvido (o que o deixou muito mais calmo) e eu sabia que tinha ouvido a crítica corretamente. Ao repetir suas palavras, identifiquei-me com ele – e pude perceber como ele estava se sentindo.

Falso ou verdadeiro?

Uma vez que temos certeza de ter ouvido corretamente a crítica, é importante descobrir de que tipo de crítica se trata. As críticas têm fundamento ou se referem mais às pessoas que nos acusaram? Pergunte a si mesmo: "Será que alguma coisa do que me foi dito é verdadeira? Você está se sentindo particularmente irritado com as afirmações que pode, na verdade, ter atingido algum dos seus "pontos fracos?" Ocasionalmente, você precisará obter mais informações antes de decidir se a crítica é verdadeira ou falsa, ou contém um pouco de ambos! Por exemplo, se a crítica for generalizada – "Você não tem o menor bom senso" –, é preciso pedir informações mais específicas. Às vezes as críticas se aplicam a algumas situações, embora, para você, pareçam falsas.

Reconhecendo a verdade

Se houver apenas uma parte de verdade na crítica (isso é mais difícil!), reconheça-a. Tenha coragem de ser honesto consigo mesmo e com a pessoa que o criticou. Essa atitude produz um efeito de alívio em quem fez a crítica. Ela poderá até sentir vontade de voltar um pouco atrás. Não é preciso exagerar no pedido de desculpas e se desvalorizar ainda mais quando reconhecer que a crítica é válida. Leia o exemplo que se segue:

Chefe: Há uma porção de erros neste relatório.
Funcionário: O senhor tem razão. Deixei para digitar na última hora e não tive tempo de corrigir como normalmente faço. Na próxima vez vou me esforçar para dedicar mais tempo à revisão dos relatórios. Obrigado por ter levantado essa questão.

Se, ao mostrar-se aberto ao criticismo, não encontrar nele nenhuma verdade, confie em si mesmo, seja firme e rejeite a crítica sem se desculpar. Manifeste-se com a frase "Eu sinto" em lugar de culpar o outro e se meter numa discussão. Voltemos ao problema entre chefe e funcionário.

Chefe: Você é sempre descuidado no trabalho que faz.
Funcionário: Não concordo de forma alguma com o que o senhor está dizendo. Muito pelo contrário: sou normalmente bastante cuidadoso no meu trabalho e me sinto magoado porque o senhor pensa assim.

EXERCÍCIO

Pense numa série de críticas que você sofreu no passado. Como no exemplo do quadro a seguir, destaque-as com bastante clareza e observe a reação que teve na época (resposta antiga). Questione-se se houve algo de verdadeiro naquelas críticas. Seja honesto consigo mesmo. Termine escrevendo as reações que teria hoje (resposta nova). Se as críticas eram falsas, neutralize-as totalmente, mentalizando um monólogo relevante, confiável e completo. Com a prática, o processo vai se tornando cada vez mais fácil!

EXEMPLO DE CRÍTICA	RESPOSTA ANTIGA	FALSA OU VERDADEIRA?	RESPOSTA NOVA
"Acho que você não me ama. Está sempre fechado no seu quarto, estudando para os exames."	"Você é muito egoísta e só pensa em si mesmo."	Falsa	"Isto não é verdade. Eu amo você, só que estou muito preocupado com a proximidade dos exames."

Fazendo críticas construtivas

Como vimos, a crítica nem sempre é ruim, porque muitas vezes nos dá um *feedback* construtivo. As pessoas podem aprender muito com as críticas que lhe são dirigidas e, inclusive, solicitar a quem lhes criticou sugestões para mudar. Contudo, é preciso ficar atento, porque esses indivíduos podem ter diversas razões para criticar os outros:

- A opinião deles pode ser diferente da opinião daquele que criticam.
- Podem estar de mau humor naquele dia.
- Podem estar com inveja e querem se vingar.
- Podem, inconscientemente, estar projetando os próprios defeitos na pessoa a quem estão criticando (ver Capítulo 2). Se este for o caso, a crítica é dirigida a eles mesmos, não ao outro. Nessa mesma linha, há um ditado que afirma: o que criticamos nos outros é o que criticamos em nós mesmos.

Ao pensar em criticar alguém, fique atento ao motivo que o está levando a fazê-lo. Está de fato querendo proporcionar um *feedback* verdadeiro ou existe outra razão oculta?

Sempre que dirigirmos uma crítica a alguém, é aconselhável ter em mente um meio-termo entre o julgamento e o reconhecimento de alguma qualidade que o indivíduo possui: "Admiro seu empenho em realizar este trabalho; contudo, precisamos de mais rapidez para terminá-lo no devido prazo". Agindo assim, evitamos rotular a pessoa. Dirija sua crítica ao *comportamento* dela e faça que perceba como você se sente. Em lugar de dizer: "Você é uma pessoa egoísta", é melhor comentar: "Só agora me dei conta de que você agiu de forma egoísta. Senti-me frustrado". Deixe que ela perceba que você levou algum tempo até enxergar as coisas da perspectiva dela. "Sei que você tem vivido sob pressão ultimamente..."

Quando você estiver terminando a crítica, seja bem claro e construtivo nas sugestões de mudança de comportamento que deseja propor: "Daqui para a frente, gostaria que você e a outra recepcionista saíssem para o almoço em horários diferentes". Dê sempre tempo à pessoa que você criticou de responder ao que você disse. Ouvir atentamente as réplicas dela é vital para todo o processo, garantindo que você entendeu perfeitamente a posição da outra pessoa.

Levando algum tempo para ter uma visão mais real e confiante de si mesmo, você estará mais capacitado a desenvolver sua sensibilidade e seu valor. À medida que você se valoriza, vai tendo mais condições de se abrir para fazer e receber elogios. O desafio de fazer e receber críticas pode ser visto como uma oportunidade de ampliar a descoberta do próprio eu.

Ao mostrar como lidar com elogios e críticas, este capítulo o ensinou a treinar a assertividade. O próximo capítulo, que fala da raiva, também tem como objetivo tornar você mais positivo. Lembro-me de ter perguntado a uma cliente muito tímida se ela estaria disposta a manifestar-se mais e defender-se sozinha. Ela disse categoricamente que não, porque preferia "ser agradável e boazinha para as outras pessoas". Muita gente acha que ser positivo significa ser dominador ou agressivo. Mas não se trata disso. Ser positivo é ser verdadeiro consigo mesmo e transmitir aos outros, com respeito, aquilo que você pensa e sente. Em vez de esperar que os demais sejam capazes de adivinhar quem é, uma pessoa assertiva assume a responsabilidade pelas próprias vontades e necessidades. Ser positivo é obter resultados de maneira firme, porém cortês. A assertividade, como qualquer habilidade, pode ser aprendida e praticada.

CAPÍTULO 5

Lidando com a raiva

> *Um homem seguro de si não fica com raiva cada vez que alguém o ofende, nem guarda rancor. Um homem que tem medo das próprias qualidades enfurece-se em qualquer circunstância.*
>
> Jane Roberts[1]

Na área de controle das emoções, os sentimentos mais problemáticos costumam ser os de maior interesse. A raiva costuma ser um dos mais fortes, e acontece quando nos sentimos frustrados, ameaçados, agredidos ou quando somos obrigados a "trabalhar em excesso". Conseqüentemente, não é de surpreender que muitas pessoas tenham dificuldades em lidar com a raiva. Este capítulo dedica-se a duas hipóteses referentes ao modo de lidar com a raiva: a) esta pode ser saudável ou inapropriada, dependendo da natureza das crenças que envolvem a emoção, b) é importante adotarmos estratégias positivas ao lidarmos tanto com uma como com a outra.

Quando a raiva é salutar, serve para lembrar-nos de que nem sempre as coisas são como gostaríamos que fossem, assim como nos impulsiona a tomar certas atitudes que nos ajudarão a melhorar nossos objetivos. Por outro lado, como esclareceremos neste capítulo, a raiva inapropriada pode ocasionar emoções destrutivas. Ambas trazem à baila a maneira correta de conviver com elas.

As pessoas podem enfrentar a raiva em casos específicos e/ou lidar com ela o tempo todo. Nesse caso, a raiva é um problema emocional. A raiva sentida em casos específicos sempre acontece por motivos externos, que devem ser resolvidos lidando diretamente com a causa da insatisfação. Por exemplo, se você for mal servido num restaurante, pode falar com o *maître*, expressar sua insatisfação e solucionar o problema. Mas quando o problema for emocional é necessário aprender a ser mais confiante, trabalhando internamente de maneira construtiva. Torna-se particularmente relevante quando, por exemplo, a raiva surge de crenças ou circunstâncias inadequadas, às quais você reage com uma agressividade difícil de controlar. Essa maneira de sentir requer uma nova interpretação e reavaliação de suas crenças para que você consiga relaxar mais.

À medida que este capítulo avançar, exploraremos em detalhe os meios de mobilizar suas emoções. Contudo, é interessante examinar, logo de início, por que a maneira de lidar com a raiva está particularmente relacionada com os que sofrem de baixa auto-estima.

A RAIVA E A BAIXA AUTO-ESTIMA

Pesquisas que lidam com a necessidade de estabilidade do "eu" descobriram que pessoas com baixa auto-estima tendem a preservar aquilo que interpretam como sendo negativo em vez de aceitar o *feedback* positivo dos outros, numa tentativa de manter o conceito previamente formado que têm de si mesmas. Intimamente elas anseiam por um *feedback* positivo, mas suas crenças sobre si mesmas não permitem acreditar que sejam merecedoras. É a isso que Swann e seus colaboradores chamam de "fogo cruzado afetivo-emocional"[2]. É o fogo cruzado entre aquilo em que os indivíduos *querem* acreditar e o que eles *pensam* que poderá ser o *feedback* perfeito dos outros.

O mecanismo de rastrear o *feedback* negativo dos outros é útil para compreendermos como muitos dos pensamentos prejudiciais e das crenças distorcidas podem estar em jogo na nossa vida se sofremos de baixa auto-estima. É um meio de confirmar continuamente para nós mesmos a nossa identidade. Assim, os indivíduos com baixa auto-estima estão mais propensos a encarar as coisas como algo pessoal e considerar as atitudes dos outros como ataques – mesmo quando não houve essa intenção – do que os que gozam de alta auto-estima. Emocionalmente, porque desejam pensar bem de si mesmos e querem que os outros também pensem bem deles, podem sentir-se profundamente magoados e ameaçados por aquilo que percebem e podem, no fundo, assumir posturas de defesa e autoproteção. São os primeiros candidatos a apresentar reações inadequadas de raiva.

Lembro-me de uma cliente que me procurou para tentar superar os sentimentos de raiva e ciúme que estavam ameaçando seu relacionamento com o namorado. Sempre que ele falava de uma mulher ou olhava para alguém, minha cliente achava que era uma prova de que ele a considerava feia e sem graça. Não importava quanto ele afirmasse que a amava e a achava atraente, ela não acreditava nele. Tudo que ele dizia não condizia com as crenças sem fundamento dela. No final, ela mostrava uma raiva indevida contra o namorado, mesmo que ele olhasse de relance para outra mulher. Ela o culpava por seu próprio senso de inadequação.

VOCÊ PODE CONTROLAR SEUS SENTIMENTOS?

Muita gente presume que as emoções apenas "acontecem" com elas – que não há escolhas, seja lá quais forem. Entretanto, a linha psicoterápica sabe que a Terapia do Comportamento Racional Emotivo revela que nossas emoções não são causadas diretamente por aquilo que nos acontece, mas estão fortemente baseadas em nossas crenças. Por conseguinte, já que nossas emoções baseiam-se em nossas crenças, podemos de certa forma controlá-las. Assumindo a responsabilidade por aquilo em que acreditamos, podemo-nos tornar mais abertos à idéia de sermos responsáveis por nossas emoções. Podemos distinguir entre a raiva saudável e a raiva prejudicial; tudo depende de as crenças subjacentes às emoções serem saudáveis ou impróprias.

Crenças inadequadas/raiva inadequada

Nos Capítulos 2 e 4 mencionamos que a forma como distorcemos mentalmente a realidade pode prejudicar nossa auto-estima. Isso também ocorre quando temos uma visão muito rígida de como as coisas "deveriam ser", o que nos leva a estabelecer um sistema de crenças mal adaptadas. Esse sistema compõe-se de quatro tipos de crenças, segundo a Terapia de Comportamento Racional Emotivo, a qual o dr. Windy Dryden destaca em seu livro *Overcoming anger*[3].

- Crenças exacerbadas sem fundamento.
- Baixa tolerância a frustrações.
- Autopunição.
- Outras punições.

A natureza dessas crenças será agora analisada.

Crenças exacerbadas sem fundamento

Elas originam uma reação exagerada em nossa mente, tornando os fatos "horríveis" sempre que eles não correspondem às nossas rígidas expectativas. Por exemplo, Helen queria que seu marido lhe telefonasse todos os dias às 13 horas em ponto do escritório. Um dia, ele atrasou 15 minutos. Ela não tirava os olhos do relógio, achando que o "mundo estava prestes a acabar". Helen estava sentindo uma raiva inadequada. Quanto mais achava aquela situação horrível, mais raiva sentia. Não é bom ficar esperando um telefonema que não chega, mas não é algo *tão* horrível. Quando finalmente ele ligou, a explicação para o atraso foi sufocada pelos gritos de irritação da mulher. Tudo o que o marido pôde ouvir foram os berros de uma mulher enfurecida. As crenças exacerbadas e sem fundamento não são verdadeiras. O fato é que muitas coisas acontecem no nosso dia-a-dia que fazem que nos atrasemos eventualmente em nossos compromissos. Esse tipo de crença também não ajuda. Afinal, o que Helen ganhou com seu comportamento? Ficou excessivamente furiosa e fez que seu marido perdesse a vontade de ligar para ela!

Baixa tolerância a frustrações

Essas convicções garantem que não podemos ou não devemos suportar fatos aos quais estamos reagindo com raiva inadequada. Enquanto Helen anda de um lado para o outro olhando o relógio, deve estar pensando: "Não agüento isto. Não deveria estar esperando assim. Não tolero me sentir frustrada". As crenças ligadas à baixa tolerância a frustrações são irreais. Helen *pode* agüentar esperar alguns minutos a mais pelo telefonema do marido (qual a pior coisa que poderia lhe acontecer se esperasse um pouco?). Novamente, as crenças exacerbadas e a baixa tolerância a frustrações são completamente desnecessárias para lidar com os fatos que estão perto de nós.

Crenças de autopunição

Referem-se a crenças negativas e condenatórias sobre nós mesmos que são percebidas por outras pessoas. Por exemplo, quando o marido de Helen atrasou-se para telefonar, ela chegou à conclusão de que a culpa era dela. Talvez ele tivesse demorado em ligar porque ela estava irritada de manhã quando ele saiu para trabalhar. Toda vez que Helen fica irritada, ela se culpa. E, se ela se irrita, sente que é uma criatura "má". A raiva inadequada é dirigida ao marido por lembrá-la daquilo que ela condena em si mesma. Isso, contudo, serve como estratégia de autoproteção, desviando-a de si mesma – o marido torna-se o alvo da punição. As crenças de autopunição são irreais e desnecessárias. Se Helen tivesse uma visão mais ampla, notaria um número maior de evidências atestando que ela não é uma criatura má – por exemplo, que é uma "boa" mãe. Tudo que Helen ganhou foi um rompante de raiva inadequada que ela atribuiu ao marido, insultando-o.

Outras crenças de autopunição

Referem-se à condenação "completa" de outra pessoa, como conseqüência de uma única ofensa. Então, como o marido de Helen se atrasou, ela pode ter concluído que ele é uma pessoa "terrível". Outras crenças de autopunição são irreais e desnecessárias. Ninguém pode ser julgado por um único comportamento. Helen acabou sentindo-se impropriamente furiosa e seu marido passou a achar que ela é uma pessoa completamente irracional – o que na verdade ela é!

Crença saudável e raiva saudável

Quando somos mentalmente flexíveis em relação às coisas que ocorrem em nossa vida, desenvolvemos um sistema apropriado de crenças saudáveis. Isso pode incluir crenças que são totalmente opostas àquelas assinaladas na sessão anterior, e com certeza muito mais verdadeiras. Se Helen alimentasse tais crenças enquanto aguardava o telefonema do marido, elas a teriam ajudado a expressar sua raiva de maneira saudável e ela teria se relacionado com ele de modo mais construtivo no momento do telefonema. As crenças saudáveis podem incluir: crenças não exacerbadas e com fundamento, alta tolerância a frustrações, auto-aceitação e aceitação de situações diversas. Cada um desses itens será analisado resumidamente.

Crenças não exacerbadas e com fundamento

Implica o reconhecimento de que, embora um fato esteja longe de ser satisfatório, "não é o fim do mundo". Quando o marido ligou mais tarde, ela poderia ter pensado: "É uma chateação que o telefonema esteja demorando tanto, mas não é nenhuma desgraça".

Boa tolerância a frustrações

Essas crenças admitem que podemos suportar frustrações. Quando o marido demorou a telefonar, Helen poderia ter concluído: "Acho frustrante ter de esperar que ele ligue, mas tudo bem, posso esperar".

Crenças de autoconfiança

Tais crenças nos permitem reconhecer que, embora algumas vezes não nos portemos bem, não significa que somos pessoas más. Em vez de supor que seu marido ligara mais tarde porque ela mostrara-se irritada de manhã, Helen poderia ter pensado: "Reconheço que às vezes fico irritada, isso quer dizer que sou simplesmente um ser humano. De modo geral, considero-me uma boa pessoa". (É claro que Helen foi precipitada ao julgar que o fato de seu marido ter ligado mais tarde tinha a ver com ela. Acontece que ele estava atolado de trabalho e se atrasou para o almoço!)

Outras crenças de aceitação

Referem-se à aceitação de que outras pessoas são seres humanos e algumas vezes deixam de fazer as coisas como gostaríamos que fizessem. Helen poderia ter pensado: "Meu marido me deixou esperando quando afirmou que ligaria, mas como ele é um ser humano não posso esperar que ele sempre aja corretamente. Afinal, de maneira geral ele é uma boa pessoa".

A IMPORTÂNCIA DE MODIFICAR AS CRENÇAS INADEQUADAS

Como observamos no capítulo anterior, o processo de modificar uma crença não precisa levar anos. Uma vez que você se empenhe nesse procedimento, a melhora pode ser percebida em questão de semanas. Ao trabalhar com persistência para tornar-se mais verdadeiro e flexível na maneira de encarar a vida e direcionar os pensamentos, você poderá substituir as crenças inadequadas por outras mais saudáveis (veja quadro a seguir). Inclusive, isso poderá ajudá-lo a lidar com a raiva de forma mais saudável.

É extremamente importante eliminarmos a raiva inadequada de nossa vida, uma vez que esse tipo de raiva pode tornar-se crônico, com sérias conseqüências para nossa saúde. As manifestações físicas da raiva estão ligadas à ansiedade. Incluem palpitações, aumento da pressão sangüínea, taquicardia e aumento da tensão muscular. Os efeitos da raiva ou ansiedade preparam nosso corpo com mais energia para reagir rapidamente quando for ameaçado ou ferido. Apenas atinge temporariamente esse estado em casos de "emergência". A raiva inadequada pode resultar numa tensão desnecessária para o corpo. Pesquisas demonstram que os efeitos crônicos prolongados de raiva podem provocar hipertensão, arteriosclerose, aumento dos níveis de colesterol e maior suscetibilidade a infecções. Os problemas mentais podem incluir depressão, atitudes hostis, sensação de medo, pânico e apreensão. Concentração, atenção, memória e discernimento podem ser afetados. Evidentemente, nenhum desses sentimentos colabora para melhorar o que você sente por si mesmo.

Crenças inadequadas	Crenças saudáveis
Exacerbadas e sem fundamento	⟶ Sem exagero e fundamentadas
Baixa tolerância a frustrações	⟶ Boa tolerância a frustrações
Autopunição	⟶ Autoconfiança
Outras punições	⟶ Outras aceitações

VOCÊ TEM MEDO DE QUÊ?

Assim como trabalhamos para nos assegurar de que nossa raiva é saudável, também precisamos ter certeza de manipular essa raiva em nosso benefício. Muitas pessoas não aceitam a idéia de expressarem sua raiva. Desde crianças foram ensinadas a ser "boazinhas" e a não demonstrar sentimentos negativos. Por esse motivo, muitos ficam desorientados e não sabem como agir com seus sentimentos. Alguns sentem vergonha de ter raiva e procuram escondê-la dos demais. Há os que tentam escondê-la até de si mesmos, reprimindo esse sentimento. O próximo exercício, que foi adaptado do livro de Gael Lindenfield[4] pode ajudá-lo a ter algumas percepções sobre seus meios de lidar com a raiva. É preciso que você recorde de que modo, na sua infância, as pessoas com quem você convivia lidavam com a raiva.

EXERCÍCIO

1. Descreva, por escrito, como sua mãe (ou a pessoa que cuidava de você) lidava com a raiva.
2. Descreva, por escrito, como seu pai (ou equivalente a ele) lidava com a raiva.
3. Como eles agiam quando você expressava sua raiva?
4. Levando em consideração suas respostas às três perguntas anteriores, descreva as reações à raiva que você traz consigo até os dias de hoje.
5. O que a parte lógica e racional de sua mente pensa a respeito dessas crenças? Concorda com elas ou discorda delas? Indique com quais você concorda e de quais discorda.

Muitas pessoas com quem trabalhei aplicando esse exercício sentiram-se incomodadas com o comportamento de seus pais. Muitas chegaram a ter raiva deles. É importante lembrar que os pais só podem ensinar aquilo que eles mesmos aprenderam. Quando você se torna mais consciente e continua a trabalhar em si próprio, poderá determinar o que seus filhos aprenderão com você.

O medo que as pessoas sentem de expressar sua raiva geralmente está ligado à crença de que poderão ferir os sentimentos dos outros e, como resultado, ser rejeitadas por eles. A mãe de Marta telefonava-lhe todas as noites para baterem um papo. Ela havia criado esse hábito, desde que seu marido falecera, cinco anos atrás, e continuamente comentava com a filha que sua única razão de viver era o contato diário que mantinha com ela. Marta sentia raiva da mãe por ela não compreender que a filha, depois de trabalhar o dia inteiro no escritório, queria dedicar algum tempo aos trabalhos domésticos, à própria filha e ao marido. Ela não podia realmente perder tanto tempo no telefone. Contudo, continuava a engolir sua raiva, em lugar de correr o risco de aborrecer a mãe.

Quando Marta veio me ver, exploramos o modo como ela estava sendo emocionalmente chantageada pela mãe e sentindo-se totalmente controlada por ela. Marta então se deu conta de que não era responsável pela infelicidade da mãe, nem por ela não ter superado a viuvez. Era muito egoísmo da mãe esperar que Marta "a escorasse" para o resto da vida, já que era responsabilidade dela mesma adaptar-se a uma nova vida depois da morte do marido. Marta decidiu que continuaria a ajudar a mãe, mas à sua moda. O tempo que passava com sua família tinha de ser levado em conta.

Muitos de nós nos sentimos desvalorizados quando alguém nos rejeita. Para recebermos a aprovação dos outros, nos comportamos da maneira que eles querem que nos comportemos. Assim, sufocamos nossa raiva.

Janet, a vizinha de Margareth, sempre lhe pedia que a acompanhasse até o centro quando precisava comprar alguma coisa nova para a casa. Margareth ficava com raiva, porque Janet achava muito natural que ela interrompesse o próprio trabalho para acompanhá-la nas compras. Preocupada com o que os outros pudessem pensar, Margareth sempre respondia: "É claro que acompanho você com prazer!" Mas atrás do sorriso ela escondia sua fúria. O curioso é que Margareth esforçava-se tanto para obter a aprovação dos que a rodeavam que não percebeu que nem ao menos estava sendo respeitada. Como fazia tudo que os vizinhos queriam, Margareth aceitava sem discutir todos os pedidos de Janet.

EXPRESSANDO A RAIVA SAUDÁVEL DE FORMA POSITIVA

Tudo bem em expressar a raiva saudável! Entretanto, algumas maneiras de demonstrar seus sentimentos são mais apropriadas e aceitáveis que outras. As instruções que daremos a seguir talvez sejam muito proveitosas. Note quantas delas coincidem com as sugestões que oferecemos no capítulo anterior, relacionadas à área das críticas construtivas. É aconselhável tomar uma atitude assim que observar qualquer contrariedade, em vez de esperar que as coisas se agravem.

- Fique atento às razões que o levam a querer expressar seus sentimentos. Qual seu objetivo diante dessa situação? Você prefere culpar e atacar em lugar de dar um *feedback* sincero?
- Qual o preço que você vai pagar por revelar como se sente? Valerá a pena? Por exemplo, se você acha que seu chefe não vai aceitar sua raiva numa boa, e você tem muito interesse em manter seu emprego, não seria o caso de tentar outra estratégia para lidar com sua revolta, como alguma técnica de relaxamento (veja mais adiante neste capítulo)?
- Prepare com antecedência o que vai dizer. Certifique-se de que está sendo claro e objetivo.
- Procure atrair a atenção da pessoa com quem deseja falar. Por exemplo, "Preciso de sua atenção por dois minutos. O senhor está disponível agora?"

- Manifeste seu sentimento – em vez de dizer "Você me dá raiva", diga "Sinto raiva quando você ..."
- Evite rotular as pessoas. Faça que percebam como o *comportamento* delas toca seu sentimento: "Fico com raiva e humilhado quando você grita comigo na frente dos nossos amigos".
- Sempre que possível, compense a manifestação da sua raiva com algo positivo sobre a pessoa – por exemplo, "Tenho liberdade de dizer isso a você porque o considero um dos meus melhores amigos".
- Ouça com atenção o que a outra pessoa tem a dizer sobre o assunto em questão.
- Seja claro e específico sobre qualquer solicitação que deseja fazer. "Gostaria muito que no futuro, antes de pegar um livro meu emprestado, você me pedisse." Se achar que a pessoa não prestou a devida atenção, repita seu pedido até certificar-se de que ela concordou com você.
- Faça que sua linguagem corporal seja coerente com o que está dizendo – você não será levado a sério se expressar sua raiva e sorrir ao mesmo tempo!

EXERCÍCIO

Pense em uma situação em que você sentiu raiva saudável de alguém. Como no exemplo do quadro a seguir, especifique um fato que lhe provocou raiva. Escreva sua reação naquela época (resposta antiga). Termine escrevendo qual seria hoje sua reação preferida (resposta atual).

O PERDÃO

Perdoar é geralmente uma das virtudes mais importantes à que temos de recorrer se quisermos de fato nos livrar

SITUAÇÃO QUE LHE PROVOCOU RAIVA	RAZÃO DA RAIVA	RESPOSTA ANTIGA	RESPOSTA ATUAL
Minha festa de aniversário no ano passado.	Um homem me disse: "Todas as mulheres são más motoristas".	Fiquei com raiva e não disse nada.	Para o homem: "Fiquei com raiva por causa do seu comentário sobre a maneira de as mulheres dirigirem. Gostaria que você evitasse fazer comentários assim na minha presença".

da raiva. Ao negar o perdão *você* sofre; é comum o "ofendido" estar totalmente alheio ao tormento pelo qual você está passando! Essa pessoa continuará aproveitando a vida, enquanto você intoxica sua alma com sentimentos desagradáveis. Pior ainda, você talvez continue a jogar coisas na cara do "ofendido" muito depois de ter expressado sua raiva – tudo porque você não quis perdoar e deixou as coisas como estavam. Shakti Gawain propõe algumas técnicas excelentes para ajudar-nos a perdoar e liberar a raiva, em seu inspirado livro intitulado *Creative visualization*[5]. Os exercícios a seguir foram adaptados desse livro.

EXERCÍCIO

1. Escreva numa folha de papel o nome de todas as pessoas que algum dia lhe magoaram.
2. Embaixo do nome escreva também o que essa pessoa fez que o levou a nutrir sentimentos negativos por ela.

3. Feche os olhos e imagine que essa pessoa está novamente diante de você. Explique que deseja perdoá-la pelo sofrimento passado. Você pode usar frases assim: "Eu o perdôo e o deixo livre. Meu coração lhe oferece amor. Seja feliz e fique em paz".
4. À medida que você fala com cada pessoa, permita-se tomar consciência de uma sensação de alívio e leveza interior. Alguns indivíduos comentam terem sentido uma sensação de calor no coração.
5. Quando esse processo terminar, abra os olhos e sinta-se mais renovado, sereno e alerta. Escreva no pedaço de papel, ao lado do nome da pessoa: "Eu o perdôo, siga em paz". Rasgue o papel e jogue fora.
6. Se achar necessário, repita esse exercício de vez em quando.

Algumas vezes é muito mais difícil perdoar a nós mesmos que aos outros. Lembro-me de um cliente chamado Steven que veio me ver. Contou-me que três anos antes havia planejado passar o Natal com o pai. Este pediu que ele chegasse no dia 23 de dezembro, mas Steven preferiu esperar até a noite de 24, para que tivesse tempo de terminar umas coisas no escritório. Às 10 horas da noite do dia 23 o telefone tocou. Era o hospital, comunicando a triste notícia de que seu pai havia sofrido um acidente de carro e falecera no caminho, na ambulância.

Steven ficou completamente arrasado com a notícia. Passou três anos se martirizando por não ter ido ver o pai um dia antes. Sua saúde começou a se deteriorar. Ele começou a sentir espasmos no estômago, dores de cabeça constantes, e relatou também que pegava infecções virais com freqüência, além de ter perdido peso. Sofria de angústia e pânico boa parte do tempo e já não tinha muita confiança em si mesmo.

Antes que Steven pudesse refazer sua vida de maneira positiva, era essencial que se livrasse da raiva que sentia de si mesmo. Uma parte desse processo envolvia a determinação de se perdoar. Passei por uma experiência parecida com a de Steven: eu não estava presente na hora em que minha mãe faleceu. Ela estava morrendo de câncer e nós sabíamos que o fim não demoraria. Meu irmão, Trevor, e eu ficamos de vigília durante 48 horas e estávamos totalmente exaustos. Resolvemos ir para casa dormir por algumas horas e deixamos meu pai sozinho ao lado da cama dela. Quando retornamos, três horas depois, soubemos que mamãe havia falecido dez minutos antes. Lembro-me da raiva que senti por ter deixado o hospital aquela manhã. Durante um bom tempo atormentei-me com a idéia de "se pelo menos..." Com o tempo me dei conta de que, para meu próprio bem e paz de espírito, precisava perdoar-me e deixar a raiva desfazer-se. Acabei concluindo que eu fiz o que tinha de ser feito naquelas circunstâncias.

Se você não se perdoou por um fato que ocorreu no passado, quero afirmar que já sofreu suficientemente. Você acha que prolongar sua agonia vai resolver alguma coisa? Você pode passar o resto da vida se corroendo ou pode perdoar-se e dar prosseguimento a uma vida melhor. Só depende de você!

O exercício que se segue acompanha a mesma linha do anterior, destacando técnicas de "como perdoar os outros", só que neste caso você estará *recebendo* o perdão – tanto de si mesmo quanto dos demais.

EXERCÍCIO

1. Escreva numa folha de papel o nome de pessoas que você acha que o ofenderam de alguma forma durante sua vida. Permita que uma dessas pessoas seja você mesmo.
2. Embaixo do nome escreva que atitudes suas estimularam os sentimentos negativos dessas pessoas.
3. Feche os olhos e imagine que essas pessoas voltaram e estão na sua frente. Quando deparar com "você mesmo",

permita que essa representação diante de você simbolize sua parte mais sábia e bondosa. Explique a essa pessoa como você se sente pelo erro que cometeu e peça-lhe que o perdoe.
4. Ouça que está sendo perdoado e como as pessoas lhe desejam paz e felicidade. Observe seus sentimentos durante esse processo.
5. Quando acabar de ouvir todas as pessoas, abra os olhos e sinta-se renovado, sereno e alerta. Escreva na folha de papel: "Fui perdoado e perdoei a mim mesmo". Rasgue a folha e jogue-a fora.
6. Afirme a si mesmo: "Agora estou livre".
7. Se sentir necessidade, repita esse exercício de tempos em tempos.

APRENDENDO A RELAXAR

Há muito tempo o homem tem curiosidade de saber de que forma nossa mente e nosso corpo coexistem. Enquanto muitos crêem que eles funcionam separadamente, pesquisas recentes sobre o assunto revelam que ambos trabalham em conjunto. Os estudos vão ao encontro da "medicina holística", que considera o ser humano um "todo" interligado. As experiências emocionais e mentais podem ser vistas como causadoras das mudanças no corpo. Por exemplo, eu já relatei o tremendo efeito que a mente pode ocasionar na dor física – não apenas na percepção dessa dor, mas também na quantidade de endorfina (droga contra dores que nosso organismo fabrica) liberada pelo nosso corpo[6, 7]. Anteriormente, neste mesmo capítulo, observamos como a raiva pode produzir claras reações em nosso organismo. Os efeitos que destacamos são os mesmos que os causados pela angústia, que despertam no corpo um estado de prontidão para agir diante de alguma ameaça. De modo idêntico, os processos físicos podem influenciar a mente. Por exemplo, quando tomamos café, a cafeína que ele contém é absorvida pelo sistema nervoso central, que estimula os níveis de concentração e aumenta nossa atividade. Se seu ritmo cardíaco e respiratório se aceleram e a tensão é armazenada nos músculos, isso também afetará sua mente. É muito difícil sentir-se emocionalmente calmo quando todo seu estado físico está alterado.

Nas sessões anteriores deste capítulo focalizamos a abordagem psicológica para que você pudesse ajudar a si mesmo. A sessão atual e a seguinte vão abordar o outro lado da moeda: os meios positivos de trabalhar seu corpo em benefício de seu estado de espírito, diante de uma raiva em potencial.

Controle periodicamente seu estado de relaxamento físico

Para evitar um acúmulo de estresse no organismo, é aconselhável verificar, de tempos em tempos, como seu corpo está se sentindo ao longo do dia. Em sua obra *The stress factor*[8], o dr. Stanton recomenda que nos concentremos em certas áreas importantes: mãos, testa, maxilar e abdome. Se a musculatura estiver tensa, procure tensioná-la um pouquinho mais e segure por alguns segundos. Depois, lentamente, comece a soltar a tensão. Com relação ao maxilar, o dr. Stanton ressalta que não há nada como um escandaloso bocejo para relaxar essa área de tensão!

Para obter um relaxamento ainda maior, você pode continuar tensionando e relaxando outros grupos musculares: panturrilhas, coxas, nádegas, peito, costas, braços, ombros e nuca. Aproveite a sensação de relaxamento que virá depois do exercício. Seja paciente e pratique. A confiança adquirida com esta técnica permitirá a você relaxar sempre que sentir necessidade de aliviar tensões.

Relaxe a respiração

Quando confrontar-se com uma situação à qual você está reagindo com raiva, alguns exercícios respiratórios simples não só poderão acalmá-lo como lhe permitirão assumir mais controle da situação. Acompanhar esses exercícios com um monólogo positivo – "Estou me sentindo calmo, confiante e controlado" – pode exercer um efeito profundo em sua mente e ajuda muito a melhorar as coisas. Por sua indubitável eficácia no controle da raiva e ansiedade, adaptei os próximos exercícios respiratórios de outro livro meu, intitulado *Ansiedade, fobias e síndrome do pânico*[9]. Ele inclui muitas das idéias propagadas por Beata Jencks sobre esse assunto[10]. Leva algum tempo para descobrir quais técnicas são mais eficazes.

- Coloque a mão sobre o umbigo e concentre-se nesse ponto. (Segundo a filosofia taoísta, trata-se da área do *chi*, o centro de energia do corpo.) Comece a inspirar profundamente, expandindo seu abdome o máximo possível, de forma que suas mãos comecem delicadamente a se erguer. Agora expire, levando o dobro do tempo que levou para inspirar, encolhendo a musculatura do abdome e mantendo a pressão das mãos. Repita o exercício.
- Imagine que seu abdome contém um poço profundo. À medida que você respira, imagine observar a queda de uma pedra até o fundo do poço todas as vezes que expira.
- Mantendo os ombros imóveis, imagine-se inspirando pelas pontas dos dedos, subindo pelos braços e chegando até os ombros. Expire pelo tronco, passando pelo abdome, pelas pernas e pelos dedos dos pés. Ao respirar, permita que uma sensação de bem-estar e serenidade preencha todo seu corpo. Purifique seu

corpo de qualquer tensão durante a respiração. Repita o exercício.
- Ao respirar, imagine que está inspirando um agente broncodilatador que relaxa e dilata as paredes dos seus brônquios (os pequenos tubos dentro dos pulmões), permitindo que o ar circule com mais facilidade. Ao exalar, perceba um pequeno recolhimento do ar nessa passagem. Repita.
- Após dois ou três ciclos respiratórios, imagine que sua respiração está seguindo o movimento das ondas do mar ou das marés. Sinta esse movimento fluindo para dentro e para fora.
- Imagine-se inspirando e expirando pela pele ou por qualquer parte do corpo. A cada inspiração permita que sua pele se sinta renovada e revigorada, e a cada expiração que fique relaxada.

CUIDANDO DE VOCÊ

Se você quer se sentir bem e tornar seu desempenho o melhor possível, precisa cuidar de si mesmo. Isso implica saber como se alimentar e praticar exercícios físicos. Na maior parte do tempo, todos nós sabemos o que precisamos fazer para cuidar melhor da saúde. Geralmente é apenas uma questão de comprometer-se a realizar!

Fazer uma dieta balanceada que inclua frutas frescas, vegetais, nozes, amido, peixe, carne e aves pode fortalecer a resistência do seu corpo ao estresse. Sintomas de angústia (geralmente relacionados com raiva prolongada) podem ser ampliados por certos alimentos. Sempre que possível, é aconselhável diminuir o consumo de cafeína, derivados de leite, álcool e alimentos que contenham açúcar. Fique atento ao que você está comendo – tenha consciência do que está introduzindo no organismo.

Exercícios físicos são excelentes para reduzir a tensão. Além disso, lançam endorfina na corrente sangüínea, que é responsável pela sensação de bem-estar que temos depois. A prática de exercícios faz que tanto o corpo como a mente fiquem mais relaxados. Antes de se preparar para praticá-los, convém consultar um médico. Comece a exercitar-se devagar.

É sempre mais difícil mudar um sentimento quando estamos imersos nele. Nas primeiras fases do trabalho que você está operando em si mesmo, se perceber que a fisiologia do seu corpo está se modificando e que o sentimento da raiva começa a "ficar mais forte", talvez seja melhor recuar e ficar afastado. Isso lhe dará tempo para recuperar o controle e certificar-se de que de fato esse é o momento certo para expressar seus sentimentos, já que poderá fazer a mesma coisa num momento de calma de modo racional e positivo.

A questão-chave das mudanças em longo prazo é tentar cortar o mal pela raiz. Cuidar bem de si mesmo ajuda você a ter nas mãos as rédeas da sua vida. Ao preparar-se para combater os pensamentos negativos e as crenças inadequadas, tornando-se uma pessoa mais calma, você assegura que a raiva que sentir é saudável. Quando esses sentimentos são conduzidos de forma correta, conforme suas recém-adquiridas capacidades, eles têm potencial para incentivar mudanças positivas em sua vida. Além dos benefícios à sua saúde física e mental, uma maneira eficaz de lidar com a raiva poderá contribuir para que você se sinta muito bem consigo mesmo.

CAPÍTULO 6

Visualizações para um futuro mais positivo

Toda a idéia levada em conta com seriedade tende, por si só, a ser concretizada[1].

Joseph Chilton Pearce

No Capítulo 4 observamos que trabalhar de maneira positiva com nosso "monólogo" pode ser muito vantajoso, ajudando-nos a criar uma visão bem mais positiva em nosso subconsciente. Podemos usar também a imaginação de formas variadas para melhorar a auto-estima. A imaginação pode ser uma ferramenta particularmente poderosa nesse trabalho, desde que uma imagem possa valer literalmente uma centena de palavras. A imaginação é considerada normalmente a linguagem da região mais profunda da nossa mente.

Neste capítulo, várias técnicas de visualização serão exploradas com os seguintes objetivos: incentivar a confiança, reconhecer plenamente a si mesmo, administrar os conflitos internos e libertar-se da dependência dos outros. Escolha qual deles mais se adapta ao seu dia-a-dia. Antes de embarcar nesta tarefa é importante examinar como sua imaginação funciona.

APRENDENDO A CONHECER SUA IMAGINAÇÃO

Aristóteles declarou: "A alma nunca pensa sem uma imagem". O fato é que, além da visão, temos mais quatro sentidos: audição, olfato, tato e paladar. As pessoas podem escolher a importância que darão a cada um deles quando recebem informações sobre o mundo e utilizam-nas em sua imaginação. Embora a maioria dos indivíduos em algum momento precise usar todos os sentidos, o resto do tempo concentram-se em apenas um ou dois. Por exemplo, enquanto para os artistas plásticos a "visão" é o mais importante, para os músicos é a "audição".

Para que as imagens se tornem mais nítidas quando você estiver usando a imaginação, pratique com cada uma das sugestões do quadro da página a seguir, que foi retirado do meu livro sobre auto-hipnose[2]. Se conseguir se identificar melhor com um do que com outro, então saberá qual o seu sentido predominante. Por outro lado, talvez não note nenhuma diferença significativa entre qualquer um dos sentidos. Experimente. Se seu sentido da visão não for muito claro, lembre-se de que ele pode melhorar com o treino. Geralmente, o ato de passar de um sentido dominante para um mais fraco ajuda a resolver essa questão. Por exemplo, se seu olfato for muito apurado, é aconselhável imaginar em primeiro lugar o aroma de um alimento que lhe agrada muito, o que poderá "conduzi-lo" à imagem mental desse alimento. Para aprimorar sua habilidade de usar a imaginação, o segredo é praticar.

INCENTIVO À CONFIANÇA

A técnica conhecida como ensaio mental é particularmente útil para incentivar a segurança e ajudar a alcançar resultados positivos em situações específicas. Conforme

Visão	Audição	Tato
Imagine seu lugar predileto em sua casa. Mentalize uma pessoa que você ama.	Ouça mentalmente o trecho de uma música que você gosta muito. Imagine alguém chamando seu nome.	Imagine colocar sua mão embaixo de uma torneira aberta. Sinta o contato de um aperto de mão.

Olfato	Paladar
Sinta o perfume de flores recém-colhidas. Imagine o aroma do seu prato favorito.	Sinta o gosto do seu alimento preferido. Sinta o sabor característico do abacaxi.

sugere o nome, ela permite ensaiar mentalmente como você gostaria de se ver em alguma área de sua vida – visualize-se concretamente como gostaria de ser. Antes de dar um curso, ensaio repetidas vezes mentalmente a futura cena, vendo-me tranqüila e à vontade diante do público, falando com clareza, calma e segurança. Quando penso nessa cena repetidamente, ela imprime em minha mente uma atitude positiva que me permite alcançar meus objetivos.

Muitas vezes conseguimos da vida o que esperamos. Se organizamos nossa vida de maneira positiva em pensamento, atraímos resultados positivos e podemos desenvolver plenamente nosso potencial. Separe determinadas áreas de sua vida nas quais deseja sentir mais segurança e vá trabalhando uma após a outra. Por exemplo, se você deseja melhorar sua autoconfiança no meio social que freqüenta, escolha algum evento ao qual comparecerá brevemente e veja-se na forma em que gostaria de se apresentar – sentindo-se seguro e divertindo-se na companhia das pessoas presentes.

A imaginação também pode ser usada simbolicamente para sentimentos de segurança, serenidade e confiança. O próximo exercício traz visualizações nessa área, retiradas dos trabalhos de Stanton (A nuvem e o lago[3]), Walch (O balão[4]) e Jackson (O lago[5]). Faça os exercícios e descubra com qual tipo de visualização você se identifica. Talvez suas próprias visualizações comecem a fluir de imediato. Seja criativo!

EXERCÍCIO

Encontre uma posição confortável e feche os olhos.

A nuvem

1. Imagine uma grande nuvem branca e macia pairando sobre sua cabeça.
2. Assim como a nuvem, permita que sua mente vagueie suavemente e, sempre que alguma coisa que prejudique sua auto-estima ocupar seus pensamentos (não importa quão significativa possa parecer), coloque-a dentro da nuvem.
3. Repare que, com o tempo, a nuvem vai escurecendo à medida que se torna mais carregada. Quando sentir que colocou na nuvem todas as coisas negativas que lhe vieram à mente, observe o tom escuro que a nuvem adquiriu.
4. Agora, por trás da nuvem, observe um raio de sol. Esse raio de sol pode representar sua determinação de ser mais saudável e de ter mais autoconfiança, que são direitos seus.
5. Enquanto essa luz por trás da nuvem se torna cada vez mais forte e brilhante, observe, com um profundo sentimento de alívio, que a nuvem vai se consumindo. Todos os obstáculos que possam interferir na sua auto-estima desaparecem com ela.

6. Agora que nada restou da nuvem e do que havia dentro dela, você pode deleitar-se com o calor do sol e permitir que a luz curadora toque cada parte do seu ser, aumentando sua sensação de segurança em si mesmo e no futuro radioso que está por vir.

A árvore

1. Imagine que seu corpo é uma árvore forte e sadia.
2. Repare como as folhas parecem dançar livremente ao sabor da brisa.
3. Suas raízes entranham-se na profundeza da terra, mantendo você firme e seguro. Isso lhe proporciona uma sensação de confiança interior, à medida que seus galhos se ramificam, abrindo-se para uma vida futura.

O aposento

1. Visualize-se num aposento que você está prestes a arrumar. Perto de você há um grande saco preto para que coloque coisas que não têm mais serventia.
2. A parte mais profunda da sua mente pode conter alguns itens que representam o que há de positivo em sua vida e outros que representam o que há de negativo (como pensamentos, sentimentos, crenças ou atitudes).
3. Apenas observe os itens que deseja retirar de lá e jogar no saco. Conscientemente, não é necessário que saiba ao certo o que cada item representa, exceto que a parte profunda da sua mente sabe o que é bom para você quando estiver se livrando das coisas indesejadas.
4. Complete a visualização quando sentir que o aposento está como queria que ficasse.
5. Imagine-se descarregando o saco preto, agora cheio, numa lixeira que será levada embora.
6. Agora há mais espaço no aposento para que você coloque novos itens à sua escolha. Esses itens podem representar seus objetivos de vida, como ter maior auto-estima, amor e saúde.

O lago

1. Visualize-se em pé à beira de um lago.
2. A parte do lago que está mais próxima a você é cinza e sombria, a água exposta ao vento está agitada.
3. O outro lado do lago, entretanto, tem um aspecto bem diferente. As águas estão calmas e refletem o azul do céu. Pessoas ao seu redor desfrutam o calor do sol e a beleza do lugar. A atmosfera parece de alegria e alto-astral. Essa é a margem da auto-estima saudável.
4. Veja-se atravessando o lago. Pode ser remando um barco ou até nadando.
5. Observe como, não importa que obstáculos atravessem seu caminho (como o vento ou a água agitada), você consegue superá-los. Se necessitar de um pequeno descanso no meio do caminho, faça uma parada em uma das ilhas que emergem na superfície do lago.
6. Finalmente, ao alcançar a margem mais clara, tome consciência de um sentimento revigorante de segurança brotando de seu interior. Permaneça algum tempo com a sensação agradável de "estar" nesse lugar especial.

O balão

1. Imagine que você está descendo por uma bela vereda campestre. A cada passo que der, sinta-se cada vez mais relaxado.
2. Aprecie e fique atento a tudo que o rodeia, explorando seus sentidos mentalmente. Faça, com os olhos da mente, que tudo se torne tão bonito como gostaria que fosse.
3. Imagine que está carregando uma sacola pesada nas costas. À medida que o caminho for subindo até uma colina, repare no peso morto que você tem de carregar. O conteúdo pesado da sacola pode representar sentimentos negativos indesejados.
4. Ao chegar no topo da colina, você depara com um portão aberto que dá para um belo gramado. No centro dele está

um enorme balão a gás colorido, com um grande cesto embaixo dele, preso ao solo com grossas cordas.
5. Vá até o balão e deposite no chão sua sacola pesada. Abra-a e comece a se desfazer de seu conteúdo, que representa seus sentimentos negativos, e coloque os itens dentro do cesto no balão. Perceba como seus sentimentos negativos decrescem com cada objeto colocado no cesto. Desfrute esses sentimentos.
6. Assim que o último objeto for retirado da sacola, você se dará conta de uma sensação de profundo alívio e paz interior.
7. Veja ali perto, no gramado, uma faca ou machadinha. Use-as para cortar as cordas e libertar o balão.
8. Agora deite-se sobre a grama macia e quentinha, enquanto observa o balão subindo. Ao fazer isso, sinta um aumento progressivo da sensação de relaxamento e serenidade. O balão agora está tão alto que você já o perde de vista e realmente pode desfrutar a sensação de estar livre dos sentimentos negativos.

O rio

1. Visualize-se sentado na relva à beira de um rio, desfrutando a sombra de uma árvore frondosa.
2. Enquanto contempla as águas claras do rio, sinta-se reanimado pela força dos redemoinhos que entremeiam as pedras e rochas.
3. Uma brisa suave sussurra nas folhas da árvore, e de tempos em tempos algumas dessas folhas caem ao seu lado.
4. Apanhe uma dessas folhas. Imagine-se colocando sobre cada uma delas algum pensamento, crença, ou sentimento negativo do qual gostaria de se livrar.
5. Coloque suavemente essa folha nas águas do rio e deixe-a ir.
6. Observe a folha enquanto ela se afasta, levando consigo qualquer obstáculo que o impeça de ter uma saudável auto-estima.
7. Repita esse processo com quantas folhas achar necessário.

Após terminar a visualização, abra os olhos sentindo-se revigorado, seguro e alerta.

Muitas vezes nos encontramos diante de situações em que estamos sendo postos à prova e nas quais precisaríamos de uma dose a mais de segurança – por exemplo, enquanto esperamos para uma entrevista de trabalho ou quando estamos prestes a encontrar gente nova pela primeira vez. Não seria ótimo se você pudesse "apelar" para um sentimento de segurança quando mais precisasse dele? A próxima técnica, que foi adaptada do trabalho de Stein[6], tem como objetivo ajudá-lo nisso! Utilize o dom natural da mente de juntar as coisas e fazer associações.

EXERCÍCIO

1. Encontre uma posição confortável e feche os olhos.
2. Rastreie suas lembranças e identifique uma época da vida em que você se sentiu confiante e satisfeito consigo mesmo.
3. Volte ao passado, para aquele momento. Visualize e reviva aquela experiência mentalmente e procure sentir o que sentiu na ocasião. Explore e aprecie aquela situação positiva uma vez mais.
4. Quando conseguir captar o sentimento de confiança, feche a mão fortemente. Ao fazer isso, permita que a sensação de autoconfiança aumente. O punho pode representar sua força interior e determinação de se tornar uma pessoa mais segura.
5. Aperte o punho com mais força ainda e deixe que essa maravilhosa sensação de segurança se amplie e atinja todas as partes do seu ser.
6. Diga para você mesmo repetidas vezes que, no futuro, sempre que fechar com força o punho voltará a desfrutar essa mesma sensação de segurança.
7. Relaxe e abra a mão.

8. Antes de completar o exercício, feche o punho novamente e perceba uma vez mais como a sensação de segurança flui por todo o seu ser.
9. Abra os olhos sentindo-se revigorado, seguro e alerta.

Quanto mais você praticar esse exercício, mais forte se tornará a associação entre apertar o punho e sentir segurança. O fato de saber que pode acionar seu mecanismo de segurança instantaneamente em qualquer situação pode, por si só, aumentar ainda mais sua confiança.

RECONHECIMENTO PLENO DE SI MESMO

Como ninguém é perfeito, todos nós temos pontos fracos e pontos fortes. Errar é humano. Se nossa auto-estima é escassa, tendemos a enxergar mais nossos defeitos que nossas qualidades. Em lugar de aceitarmos nossos defeitos como parte daquilo que somos, não os toleramos. Ao rejeitarmos nossa parte mais fraca, estamos rejeitando a nós mesmos. Essa maneira de nos enxergarmos impede que nos sintamos "plenos". Isso também significa que achamos difícil aceitar plenamente a pessoa especial e adorável que somos. Podemos até nos sentir desconfortáveis quando alguém expressa seu amor por nós e nos admira. Embora ansiemos por esse tipo de atenção, de algum modo acreditamos que não a merecemos. Talvez pensemos que devemos ser "perfeitos" para que os outros nos amem e admirem.

A próxima meditação foi adaptada da variação de uma técnica feita por John Bradshaw[7], mas originalmente criada por Virginia Satir[8]. Quase no fim do exercício a influência de Shakti Gawain é evidente[9]. O objetivo do exercício é ajudá-lo a reconhecer todas as partes do seu ser, tornar-se mais tolerante com elas e, assim, aumentar sua capacidade de abrir-se ao amor e à admiração que os demais sentem por você. Não importa quão estranho ou constrangido você se sinta, permaneça com esse sentimento. Dedique pelo menos 30 minutos a essa técnica, pois nela estão contidos diversos elementos que lhe servirão como terapia ou apoio.

EXERCÍCIO

1. Encontre uma posição confortável e feche os olhos.
2. Imagine que você está sentado na primeira fila de um teatro maravilhoso. Imagine-o exatamente como gostaria que fosse. Observe as cores e o tecido das cortinas.
3. Quando as cortinas se abrirem, sinta a emoção própria de uma ocasião dessas. "A revisão de papéis de (seu nome)" está escrito com destaque no fundo do palco.
4. Dedique algum tempo para imaginar uma característica sua que você aprecia e como gostaria que alguém a representasse ao entrar no palco. Por exemplo, se você se considera inteligente, imagine que Einstein está se apresentando. Se acha que tem senso de humor, pense no seu comediante preferido e veja-o diante do público. Ouça as palmas da platéia.
5. Repita o passo 4 até colocar cinco pessoas de pé ao lado direito do palco.
6. Agora pense em alguma característica sua de que não goste. Por exemplo, se você se considera uma pessoa fofoqueira, escolha alguém para representar esse papel, baseando-se em algum personagem da televisão que é fofoqueiro. Coloque esse indivíduo de pé ao lado esquerdo do palco. Ouça as vaias da platéia.
7. Repita o passo 6 até colocar cinco pessoas de pé ao lado esquerdo do palco.
8. Agora imagine uma pessoa muito sábia entrando no palco e se colocando bem no centro. Quando faço esse exercício, minha tendência é ver um homem com a aparência de Merlin,

o Mágico, que vi tantas vezes nos meus livros infantis. Decida qual é a imagem de um sábio para você.
9. Esse sábio o convida a subir no palco e reavaliar todas as diferentes características do seu ser (veja figura a seguir). Dedique algum tempo para olhar nos olhos de cada um dos personagens que estão representando uma parte do seu eu.
10. Concentre-se nas preocupações com as quais está lidando atualmente. À medida que os papéis que representam você interagem para enfrentar essas preocupações, reflita sobre cada um deles da seguinte maneira (negociar com o sábio pode ajudar):

- Será que tal papel está em conflito *direto* com outro? (Se a resposta for "sim", há um exercício na próxima seção para ajudá-lo a trabalhar esse conflito.)
- O que esse papel pensa de suas preocupações?
- Reflita sobre as possíveis vantagens, finalidades ou intenções positivas desse papel. (O que você perderia se não o tivesse dentro de si?)
- Pense nas desvantagens desse papel.
- O que esse papel pode ensinar a você? (Atenha-se a essa pergunta especialmente se estiver lidando com um papel seu de que não gosta.)
- Você gostaria de mudar esse papel? Se a resposta for "sim", que tipo de mudanças você faria para se sentir melhor? Por exemplo, pense numa atitude que sirva de alternativa ao comportamento atual e lhe traga benefícios. Se deseja de fato modificar o comportamento de determinado papel, certifique-se de que você se sentirá melhor depois da mudança.

11. Quando admitir que seus papéis se "harmonizam" dentro de você, vá até cada um deles e permita-se aceitá-los com amor. Imagine-os dissolvendo-se em seu interior.
12. Talvez você queira agradecer ao sábio por tê-lo ajudado, antes de se despedir. Assim que o sábio se for, ouça sua

voz dirigindo-se à platéia: "Aceito e amo cada característica do meu ser".
13. Concentre-se em determinada pessoa que faz parte do público (pode ser alguém que você conhece ou um desconhecido). Observe como essa pessoa está olhando para você com amor e compreensão. Ouça as palavras de admiração que ela está dizendo a seu respeito. À medida que você expandir sua consciência e incorporar um número cada vez maior de pessoas, perceberá que elas também estão olhando para você com admiração e respeito.
15. O público agora começa a bater palmas e torcer por você. Sinta a vibração amorosa que emana dele. Permita-se acolher essa energia em seu interior. Visualizar a energia como uma luz dourada ajuda a incorporá-la a cada um dos seus papéis.
16. Faça uma reverência e agradeça a todos por fazê-lo sentir-se a pessoa especial que você é.
17. Abra os olhos, sentindo-se revigorado, seguro e alerta.

ADMINISTRANDO OS CONFLITOS INTERNOS

Podemos desempenhar diversos papéis internamente – de alguns gostamos, de outros não. Às vezes, alguns papéis podem entrar em conflito, dando-nos a impressão de que somos empurrados para direções opostas. Por exemplo, se você está trabalhando para melhorar sua auto-estima, talvez precise acreditar mais em si mesmo. A parte de você que deseja mudar pode entrar em conflito com suas antigas crenças. Você poderá ficar dividido, sentindo-se insatisfeito, pois, independentemente da sua decisão, uma parte de você ficará insatisfeita. Obviamente, isso em nada contribui para a melhora da sua auto-estima! Conflitos interiores entre características opostas podem exigir um trabalho mais específico do que o realizado na sessão anterior.

O exercício no fim desta sessão levanta uma hipótese importante. Ele carrega a idéia de que todos os nossos papéis têm boas intenções, não importando quanto pareçam ser negativos ou destrutivos os comportamentos que afloram à superfície. (Talvez você tenha notado isso quando trabalhamos com as características de que não gostamos em nós.) Geralmente, como seres humanos, só adotamos certos comportamentos porque dentro de nós reconhecemos que vamos ganhar algo em troca. A história de Denise esclarece esse ponto e serve como pano de fundo para a técnica que se segue.

Denise era feliz no casamento. Cuidava da casa e dos filhos e acreditava que ser mãe e dona-de-casa eram suas únicas funções na vida. Seu marido gostava que ela estivesse todas as noites à sua espera, quando chegava do escritório. Seu emprego era muito puxado e para ele era um conforto chegar no fim do dia e trocar idéias com Denise. Interessava-se também pelas coisas que ela fazia. Denise ficava satisfeita quando seu marido compartilhava com ela os problemas e sempre apreciava essas conversas no fim do dia. Era "o momento deles" como um casal.

Uma amiga de Denise emprestou-lhe um livro sobre auto-estima e ela começou a empenhar-se para se sentir melhor consigo mesma. Com o tempo, uma parte de Denise começou a enxergar-se de forma diferente. Quando sua segurança aumentou, ela matriculou-se num curso noturno de economia, com o objetivo de trabalhar fora mais adiante. No início seu marido deu o maior apoio. No entanto, isso significava que duas vezes por semana ele tinha de dar o jantar às crianças e pô-las na cama. Depois se sentava na sala sozinho, sentindo falta da companhia da mulher. Sempre que voltava para casa, Denise fechava-se num quarto sozinha para pôr em dia suas tarefas. Começou a se destacar no curso e ficou animada com a melhora de sua autoconfiança. Seu marido começou a reclamar porque já quase não ficavam juntos. Eles passaram a brigar.

Com o tempo, uma parte de Denise voltou a ter dúvidas em relação a si mesma, o que prejudicou sua concentração nos estudos. Ela referia-se a esse papel como "autodestrutivo", o qual estava arruinando sua oportunidade de melhorar a si própria. No início ela não viu absolutamente nada de positivo nesse papel, mas depois de uma reflexão mais profunda reconheceu que a intenção positiva dele era dar mais atenção ao seu marido.

O conflito interno de Denise restringia-se ao âmbito familiar. Muita gente tem um aspecto que é sensível às necessidades das outras pessoas, e outro que "quer ser ela mesma". Entretanto, os antagonismos só surgem quando enxergamos os dois objetivos em lados opostos, que não era o caso de Denise. Na situação dela, o lado que parecia autodestrutivo e o sentimento de confiança e ambição tinham pelo menos um ponto em comum – ambos contribuíam para algo que ela valorizava (sua carreira e seu casamento). Encontrar uma base comum entre os dois papéis, que inicialmente pareciam conflitantes, é o primeiro passo em direção à paz interior. O segundo passo é buscar uma alternativa conveniente aos dois papéis. No caso de Denise, em lugar de buscar o caminho duvidoso de abrir mão de seus estudos para ter mais tempo para o marido, ela decidiu, por exemplo, optar por um curso diurno no horário em que as crianças estavam na escola. Poderia também ter preferido manter o curso noturno mas limitar seus estudos em casa a um horário fixo, conforme combinado com o marido. Ambas as alternativas permitiriam a ela que continuasse sua carreira sem negligenciar o relacionamento com o companheiro. Isso demonstra que além de assar o bolo você pode comê-lo! Só é preciso um pouco de esforço.

Muitos de nós temos aspectos interiores que parecem estar em conflito. O exercício que se segue, geralmente intitulado "visão estreita", pode nos ajudar a "ampliar" a visão. É uma técnica simples mas poderosa, que serve para dissipar as dúvidas internas. Como no exercício da seção anterior, requer a aplicação de condutas mais apropriadas com os mesmos objetivos positivos, em lugar de condutas destrutivas ou negativas. Aceitar e valorizar suas próprias características em vez de rejeitá-las é também a essência desse trabalho.

A técnica do exercício foi primeiramente desenvolvida por Richard Bandler e John Grinder[10], fundadores da Programação Neurolingüística (PNL), que lida com a maneira como estruturamos nossas experiências mentais subjetivas. A PNL gerou uma série de modelos e formas de codificar o comportamento humano para descobrir como as pessoas criam as próprias experiências. Essa teoria é composta das seguintes partes:

- *Programação* indica que podemos escolher como organizar nossos pensamentos e atitudes para obter diferentes resultados.
- *Neuro* refere-se às nossas reações psicológicas a conceitos, fatos, noções e comportamentos originados no

processo neurológico da visão, audição, do tato, olfato e paladar.
- *Lingüística* leva em conta não apenas como utilizamos nossa linguagem para nos comunicar com os outros, mas também como estruturamos nossos pensamentos e atitudes.

EXERCÍCIO

1. Identifique e separe as partes conflitantes em seu interior.
2. Encontre um modo de representar essas partes. Você pode, por exemplo, simbolizá-las com as mãos. Decida que mão será cada parte, coloque uma palma de frente para a outra, com os braços dobrados à sua frente.
3. Descubra a intenção ou o objetivo positivo que cada mão simboliza. Pergunte a elas.
4. Enfatize que permanecer com os conflitos pode fazer que nenhuma das partes atinja plenamente seus objetivos. Negocie com as partes para descobrir o que elas têm em comum em relação ao que desejam para você. Fale com as mãos da mesma maneira que falaria com as pessoas. Se elas forem inflexíveis e não tiverem nada em comum, você pelo menos pode fazê-las concordar que ambas têm interesse em seu bem-estar e em sua sobrevivência.
5. Perceba se cada parte deseja unir esforços com a outra para que juntas atinjam as mesmas metas. Não é necessário que isso aconteça, mas se as partes manifestarem interesse pela união você pode juntar as palmas, fazendo o menor esforço consciente possível. Quando elas se alcançarem, aperte-as uma contra a outra.
6. Agora, com aceitação e amor, integre-as ao seu interior – imagine que elas estão se dissolvendo dentro de você.
7. Observe como está se sentindo agora em relação ao que sentia antes de começar o exercício.

LIBERTANDO-SE DA DEPENDÊNCIA DOS DEMAIS

No Capítulo 2 destacamos o conceito de medo do abandono. Se somos emocionalmente dependentes dos outros, isso pode resultar em medo de sermos abandonados. Eu fui particularmente dependente de minha mãe, mesmo depois de casada. Percebi que não apenas era prejudicial para mim, como para meu relacionamento com Mark, meu marido. Utilizei o eficiente exercício apresentado nesta seção, que foi adaptado das idéias de Connirae e Steve Andreas e Robert McDonald[11], o que permitiu que eu me libertasse da tendência de depender de minha mãe e criasse um substituto mais saudável – a sensação do meu ser, como indivíduo. Com o tempo, passei a apreciar, respeitar e amar minha mãe mais como uma pessoa com direitos do que como alguém em quem eu depositava minhas necessidades. Fiquei feliz por ter dedicado um tempo a esse trabalho. Conforme comentei anteriormente, minha mãe faleceu de câncer. Sei que teria me sentido muito mais desesperada e perdida se não tivesse me empenhado em resolver meu problema de dependência. Você obterá ótimos resultados se trabalhar no próximo exercício por 15 a 20 minutos. A figura após o exercício apresenta um resumo dele.

EXERCÍCIO

1. Ao contrário dos outros exercícios, em que você permanecia sentado, neste recomenda-se ficar de pé. Feche os olhos para facilitar a concentração.
2. Identifique uma pessoa de quem talvez você possa se sentir dependente – pais ou cônjuge, por exemplo.
3. Imagine essa pessoa de pé ao seu lado. Observe sua aparência. Estenda o braço e toque-a se quiser. Descubra como se sente na companhia dessa pessoa. Tome consciência da sua dependência em relação a ela.

4. Encontre uma maneira de simbolizar essa dependência. Por exemplo, para representar minha conexão com minha mãe, visualizei uma corda unindo meu coração ao dela. Os clientes descrevem sua ligação com outras partes do corpo da pessoa, como estômago ou cabeça. Experimente e encontre a representação que se adapte melhor à sua situação.
5. Agora, dedique algum tempo para certificar-se do propósito positivo da sua ligação com essa pessoa. Que benefício ela lhe traz? Talvez isso o ajude a sentir-se amado ou seguro.
6. Crie em sua mente uma imagem sua. Imagine essa figura mais evoluída e "auto-suficiente" desenvolvendo-se em seu interior, capaz de sanar sua dependência dos outros. Essa criatura mais livre está pronta para amá-lo e cuidar de você. Fique atento a todos os detalhes dessa sua imagem – o tom da voz, a postura, a maneira como se veste, o que você sente ao tocá-la.
7. Agora, volte-se para a pessoa de quem você depende. Imagine novamente como vocês estão ligados e como podem se separar. Imediatamente faça a ligação da sua imagem mais livre (exatamente do mesmo jeito que a anterior estava ligada) com a pessoa de quem depende. Por exemplo, eu me vi cortando a corda que me prendia à minha mãe e depois a amarrando ao coração da minha nova imagem.
8. Desfrute a sensação de ser capaz de receber de si mesmo em lugar de depender de alguém. Permaneça ainda algum tempo no papel desse outro eu mais desenvolvido. Conscientize-se de como é dar-se a si mesmo dessa maneira. Retorne agora a um estado mais superficial, trazendo consigo a nova e enriquecedora aquisição.
9. Agradeça esse novo eu desenvolvido por estar ao seu lado como amigo e protetor, agora e no futuro, sempre cuidando de você. Reconheça que pode contar consigo mesmo. Imagine-se caminhando para o futuro com essa força interior que o ajuda a se relacionar com os demais de forma mais saudável – tanto para eles quanto para você.

10. Olhe para trás, para a pessoa com quem você cortou a ligação. Visualize-a conectando-se a uma versão mais evoluída de si mesma – uma personalidade capaz de atender às necessidades da pessoa naquele momento. Observe as vantagens que a pessoa pode obter com essa ligação.
11. Pense em maneiras de se dedicar, de modo pleno e respeitoso, à pessoa da qual dependia.
12. Abra os olhos sentindo-se renovado, calmo e alerta.

Como observado no Capítulo 2, quando falamos dos vícios, é comum entrarmos em contato com algo, e não com uma pessoa que supre nossas necessidades. O exercício que você acabou de fazer também pode ser utilizado como parte do trabalho para lidar com certos vícios. Digamos que você se sinta dependente da relação emocional com a comida (isto é, a maior parte do tempo você come para desviar seu pensamento da realidade e se consolar, e não porque tem fome). No exercício anterior você poderia representar, de maneira simbólica, sua ligação com a comida em vez de com uma pessoa. Eliminando os itens 10 e 11, tente descobrir um propósito positivo na sua gula, e depois transforme a conexão com a comida numa conexão com seu eu mais auto-suficiente. Seu eu mais livre poderia, então, ocupar o lugar da gula, alimentando você com o apoio de que necessitará no futuro.

106 *Baixa auto-estima*

COMEÇO

Identifique a pessoa de quem você se sente dependente.

Descubra um meio de representar essa dependência.

Descubra um propósito positivo para essa dependência.

Crie uma imagem de um eu auto-suficiente mais desenvolvido que incorpore esse propósito positivo.

Desfaça a ligação com a pessoa de quem você depende e imediatamente ligue-a ao seu eu mais auto-suficiente.

Dirija-se a esse eu e alegre-se com essa aquisição enriquecedora. Guarde a sensação com você.

Agradeça essa sua parte auto-suficiente por estar presente, cuidando de você. Veja-se caminhando para o futuro com esse fortalecimento interior.

Visualize a pessoa com que você cortou sua ligação conectando-se com sua versão mais evoluída, que oferece à pessoa exatamente o que ela necessita. Observe as vantagens dessa nova relação.

Perceba que agora você pode ter uma relação mais plena com a pessoa.

FIM

CAPÍTULO 7

Restabelecendo-se e deixando de lado o passado

> *Todos nós nos apegamos ao passado, e por nos apegarmos ao passado o presente fica indisponível.*
>
> Bhagwan Shree Rajneesh[1]

Ao longo deste livro um tema prevaleceu – a noção de que as experiências passadas tiveram forte influência na formação da nossa auto-estima. Enquanto não nos restabelecermos, o passado continuará a interferir no presente e no futuro.

Este capítulo mostra como começar a nos desacorrentar dos traumas antigos e das experiências negativas, permitindo que trabalhemos rumo a um futuro positivo e criativo que deslanche com mais facilidade. Em primeiro lugar, destacaremos como você pode iniciar o processo de nutrir "sua criança interior".

A seguir, exploraremos os meios de que dispomos para alterar os sentimentos associados especificamente às lembranças problemáticas. Finalmente, examinaremos como organizamos o tempo em nossa mente e as possibilidades de reorganizá-lo para tirarmos vantagem disso.

TRABALHANDO COM SUA "CRIANÇA INTERIOR"

Não conheço ninguém que possa dizer que teve uma infância perfeita. Muitos de nós sofremos porque nossas necessidades emocionais não foram supridas nos primeiros anos de nossa vida. John Bradshaw declara que quando chegamos à idade adulta a criança continua a viver em nós, ansiando por essas necessidades insatisfeitas. "Acredito que essa criança desprezada e ferida no passado é a maior causa da infelicidade dos homens. Enquanto não resgatarmos e protegermos essa criança, ela continuará a se manifestar e contaminará nossa vida adulta"[2]. Por exemplo, no Capítulo 2, no tópico sobre o medo do abandono, talvez você se lembre que mencionei uma cliente chamada Cathy. Quando criança, ela não se sentiu amada nem aceita. Na idade adulta percebeu que estava prejudicando seus relacionamentos com uma insaciável ânsia de amor, afeto e atenção. Cathy relatava que vivia perguntando ao namorado se ele a amava. Nada que ele lhe dissesse era bastante para ela. Ela dependia dos relacionamentos atuais para preencher suas necessidades de infância.

Quanto mais você buscar no seu interior um meio de nutrir e preencher suas necessidades, menos sentirá que precisa recorrer ao ambiente exterior para suprir essa falta. Trabalhar com sua "criança interior" pode ser uma tarefa muito proveitosa. O objetivo da prática regular do exercício seguinte é ajudá-lo a se tornar cada vez mais independente. Já que várias emoções podem surgir, talvez seja melhor que, no começo, o exercício se dê na presença de um amigo muito confiável ou de um terapeuta.

EXERCÍCIO

1. Encontre uma posição confortável e feche os olhos.

2. Lembre-se de quando você era uma criança pequena:

- Que idade você tem?
- Qual sua aparência e como você está vestido?
- Como é o ambiente em que vive?

3. Quais seus sentimentos naquela época?
4. Apresente-se a essa criança e faça que ela note que você quer ajudá-la.
5. Pergunte à criança quais suas verdadeiras necessidades hoje. Algumas vezes ela pode mostrar-se desconfiada, cautelosa e na defensiva, evitando responder às suas indagações. Se isso acontecer, pergunte-lhe o que você poderia fazer para obter respostas. Garanta novamente à criança que você é uma pessoa confiável.
6. Assim que ouviu as necessidades da criança, confirme-as. Diga-lhe que entende perfeitamente o que ela está dizendo.
7. Vá ao encontro das necessidades dela. Por exemplo, se ela precisa de atenção, converse ou brinque com ela por algum tempo. Segure sua mão e/ou dê-lhe um forte abraço. Faça o que sentir que é bom para ela e use todo o tempo que for preciso.
8. Convença-se de que assumiu o compromisso de cuidar dessa criança daqui para a frente. Reserve alguns minutos do dia para estar com ela. Prometa-lhe que estará disponível todos os dias de sua vida.
9. Pergunte-lhe se ela gostaria de voltar para casa com você. Se a resposta for afirmativa, abrace essa criança com amor e compreensão. Sinta-a como parte integrante do seu ser. Se a resposta for negativa, diga-lhe que, embora o encontro esteja encerrado por ora, vocês voltarão a se reencontrar em breve. Talvez você queira acenar com um até logo.
10. À medida que você se afasta, imagine que está num lugar muito lindo e perceba a quietude que o rodeia. Por exemplo, imagine-se numa praia. Observe as diferentes cores do mar conforme ele vai-se ampliando em direção ao horizonte, onde parece que ele se encontra com o céu. Ouça

o sussurro das ondas, delicie-se com o calor do sol. Ou imagine que está num jardim. Observe tudo o que o rodeia, como as árvores e as flores – quem sabe até consiga sentir o perfume das flores à medida que inspira o ar fresco. Talvez o sol esteja brilhando nesse lugar e as cores fiquem mais vivas e vibrantes. Ouça os ruídos, o canto dos passarinhos nas árvores ou as abelhas zunindo em volta das flores.

11. Seja qual for o lugar que escolheu, permaneça algum tempo aí e reflita sobre os benefícios obtidos com o encontro entre você e sua criança interior.
12. Abra os olhos sentindo-se renovado, calmo e alerta.

O fato de reencontrar sua criança interior lhe permite curar-se das feridas da infância. Por outro lado, poderá torná-lo livre para sentir-se mais sintonizado com as qualidades divertidas e imaginativas da criança que vive dentro de você. O próximo exercício, adaptado do livro de Louise Hay[3], vai ajudá-lo a despertar as "qualidades infantis" que provavelmente você perdeu ao longo da sua jornada até a idade adulta.

EXERCÍCIO

1. Encontre uma posição confortável e feche os olhos.
2. Visualize uma sala muito especial, que se encherá de pessoas que você ama.
3. Agora imagine essas pessoas comportando-se como crianças – entusiasmadas, brincando com muita alegria, correndo, pulando, dançando, gritando e rindo. Veja como se comportam de maneira espontânea por serem crianças.
4. Entre nessa sala. Sinta como é alegremente bem-vindo pelas pessoas que estão lá.
5. Se lhe perguntarem do que você quer brincar, relembre alguns jogos de que gostava quando era criança.

6. Dedique algum tempo imaginando como era divertido brincar junto com os amiguinhos. Fique totalmente absorvido no que está fazendo e permita-se gozar a feliz sensação de voltar à infância. Dê a essa criança que vive em seu interior a chance de ser tudo aquilo que ela não foi – livre, amada e segura.
7. Abra os olhos sentindo-se renovado, feliz e alerta.

À medida que trabalha consigo mesmo, talvez você queira realizar algumas "atividades infantis" de verdade, não apenas na imaginação. Enquanto não resgatei minha própria criança, o que aconteceu há um ano e meio, eu não me lembrava de quão divertido é brincar! Procure executar pelo menos uma brincadeira por dia e observe como a vida fica muito mais alegre!

MODIFICANDO SEUS SENTIMENTOS SOBRE RECORDAÇÕES DOLOROSAS

Muitos de nós temos de vez em quando recordações que nos perturbam, mas geralmente não interferem em nossa vida. Algumas pessoas, entretanto, são influenciadas por certas recordações ruins que nunca vão embora. Tenha você recordações que o incomodam um pouco ou muito, as técnicas utilizadas nesta seção lhe serão muito úteis.

O passado já se foi. Ele só existe na forma em que queremos relembrá-lo. Isso é bom, já que podemos mudar nossas recordações e seus efeitos. Alguns de vocês devem estar pensando se valeria a pena interferir em crenças que amealhamos de nossas experiências e nos ajudaram a tomar decisões na vida. Só que recordações não são muito confiáveis.

O que é memória? Memória é apenas um registro do tempo passado que retivemos na mente. Todos estamos cientes de que com o passar do tempo as lembranças podem mudar e tornar-se imprecisas. Inclusive, quando a memória foi inicialmente formada, não passava de uma interpretação da situação do momento. O Capítulo 2 enfatiza como podemos ser particularmente talentosos na hora de distorcer a realidade. Não seria razoável perguntar se é correto inserir na nossa mente um programa inflexível, que nos comande para o resto da vida e se baseou em umas poucas lembranças formadas nesses moldes?

A "realidade" em nossa mente é o que acreditamos que seja. Se algumas dessas "realidades" não tiverem uma base racional e estiveram nos fazendo sofrer, então é preciso trabalhar terapeuticamente para admitir isso e, depois, envidarmos reforços para mudá-la. Como neste livro o objetivo tem sido sempre o de ampliar sua consciência em relação aos assuntos que podem afetar de forma adversa sua auto-estima, saiba que você não está envolvido num processo de anulação (discutido no Capítulo 2).

Os exercícios nesta seção e na próxima foram tirados da Programação Neurolingüística, mencionada no capítulo anterior. Se sua memória é representada mentalmente por uma imagem, o primeiro exercício desta seção será muito apropriado a você. O segundo exercício será mais conveniente se sua memória aparecer como um filme com uma porção de imagens. É muito importante ressaltar que, se sua memória insiste em manter pensamentos negativos, é recomendável que você use essas técnicas com a ajuda de um terapeuta experiente.

EXERCÍCIO

1. Escolha com qual das recordações deseja trabalhar. Ao pensar nessa recordação, observe a imagem que lhe vem à cabeça.

2. Numa escala de 1 a 10 de "sentimentos desagradáveis" (sendo 10 o pior) pense no número que representaria quanto tal pensamento lhe desagrada.
3. Escolha uma posição confortável e feche os olhos. Mantenha em sua mente a imagem dessa recordação.
4. Modificando a imagem, verifique que alterações diminuem ou neutralizam a sensação produzida pelos sentimentos negativos. Se, por exemplo, a imagem for colorida, tente deixá-la em preto-e-branco. Observe se houve alguma mudança nos seus sentimentos enquanto você olhava a nova cor da imagem. Abra os olhos. Se o sentimento melhorou, tome nota dessa alteração.
5. Experimente outros tipos de testes, sempre voltando à imagem "normal" antes da alteração. Lembre-se de anotar qualquer tipo de mudança que melhore ou neutralize a sensação produzida pelos sentimentos desagradáveis. Os seguintes elementos ligados à imagem de suas lembranças podem ser mudados:

- *Distância:* distancie-se deles ou traga-os para mais perto.
- *Clareza:* torne-os mais embaçados ou mais nítidos.
- *Som:* ponha uma música a mais ou tire completamente o som. Experimente com o volume.
- *Perspectiva:* afaste-se da imagem (dissociação) e veja-se nela dessa nova perspectiva. Alternativamente, fique dentro da imagem (associação).
- *Bom humor:* por exemplo, se houver outras pessoas na memória, vista-as como palhaços ou faça-as falar com outra voz, como nos desenhos animados. Seja criativo!

Esta lista não abrange todas as possibilidades. Você pode pensar em outras alterações até que suas experiências tenham lhe fornecido um número de mudanças que aliviem os sentimentos negativos.

6. Agora respire lenta e profundamente. Analise como sua memória junta todos os testes que você realizou e neu-

traliza ou melhora seus sentimentos negativos. Talvez mudando a cor da imagem para branco ou preto, ou distanciando-se dela, amenizando o foco e saindo da imagem, você neutralize os sentimentos ruins. (Se você ainda sentir mais negatividade do que pode tolerar, volte ao estágio experimental.)

7. Veja mentalmente a imagem do seu "novo" modo por cinco vezes consecutivas e abra os olhos depois de cada visualização.
8. Agora olhe para seu "antigo" modo de recordar (se é que sua mente vai permitir!) e verifique se, na escala, um número menor de sentimentos desagradáveis foi registrado. Você deverá sentir-se menos negativo que antes ou, o que seria ideal, mais neutro com relação às suas recordações. Se não, volte ao passo 5.

Um exemplo vai lhe mostrar como essa técnica funciona na prática. Lembro-me de ter usado essa técnica com uma cliente chamada Josie que veio ver-me a conselho de seu médico. Suas emoções negativas começaram a manifestar-se na forma de "uma dor de cabeça que me atormentava de manhã até a noite – meu desespero e infelicidade eram muito grandes". Josie relacionava seus sintomas a uma visita que havia feito à cunhada muitos anos antes. Essa mulher mandava nela, criticando-a constantemente e fazendo-a sentir-se muito diminuída. A auto-estima de Josie era tão baixa que ela resolveu submeter-se a um tratamento sem questionar: "Eu tinha de fazer qualquer coisa que me mandassem".

Embora Josie tivesse decidido que manteria com a cunhada um mínimo de contato, a lembrança daquela visita em especial vinha-lhe à mente com freqüência. Isso a fazia sentir-se muito mal e começou a prejudicar seu sono. Josie disse que gostaria de achar um meio de tirar da cabeça a negatividade provocada por aquela lembrança.

Ela fez o exercício anterior e visualizou a lembrança (ela tinha uma única imagem bem nítida). Então comentou como lhe fez mal ver aquela imagem. Rapidamente eu lhe pedi que experimentasse certas alterações e tomamos nota daquelas que a faziam sentir-se melhor.

Como resultado de ter juntado as manipulações positivas, Josie começou a ver a cunhada vestida de palhaço e com vozes das criaturas de desenhos animados. Como fundo, a música de um filme de o Gordo e o Magro. Segundo Josie, "Ao praticar esses exercícios, comecei a ver minha cunhada sob um prisma totalmente diferente. Descobri que esse trabalho me fazia relaxar. Daí em diante fui me fortalecendo dia a dia". Executando outros exercícios já mencionados neste livro, Josie com o tempo passou a sentir-se melhor consigo mesma e suas dores de cabeça também desapareceram.

Para aquelas pessoas cuja memória não é representada eficazmente por uma imagem, mas sim armazenada na mente como um filme mental composto de imagens consecutivas, a próxima técnica é apropriada.

EXERCÍCIO

1. Escolha uma lembrança com a qual deseja trabalhar.
2. Como no exercício anterior, selecione um número de 1 a 10 para medir quanto se sente mal com essa recordação (sendo 10 o pior).
3. Encontre uma posição confortável, feche os olhos e imagine-se sentado olhando uma tela em branco.
4. Agora, veja a lembrança na tela começando num ponto anterior ao início dos sentimentos negativos. Fixe essa primeira imagem na tela e veja-a em preto-e-branco. Ao mesmo tempo, imagine-se saindo do seu corpo e flutuando até a sala de projeção, de forma que você possa ver a si mesmo sentado, olhando para a tela.

5. Da sala de projeção, acione um botão no projetor que fará o filme rodar. Veja-o desde o começo e pare no quadro branco e preto. Fixe na memória a última cena na tela.
6. Agora dê um salto da sala de projeção e, flutuando, entre na última imagem, na tela. Transforme em colorida a cena em branco e preto e rebobine o filme na velocidade máxima.
7. Repita os passos 5 e 6 mais cinco vezes.
8. Agora, flutuando, entre no seu corpo que está sentado no cinema e assista ao filme desde o começo em preto-e-branco. Respire suave e profundamente, observando como o número inicial diminuiu. Se for necessário, faça outras alterações (veja as técnicas anteriores) para reduzir ou neutralizar o sentimento negativo.

O objetivo desta técnica é extinguir o padrão habitual da memória. Quando rebobinamos o filme rapidamente, parece que se cria uma confusão ou um desligamento do que ativa a imagem inicial. Repita a técnica no futuro, se os efeitos positivos imediatos desaparecerem.

TRABALHANDO COM A LINHA DO TEMPO

O trabalho com a linha do tempo implica examinar como nosso cérebro lida com o tempo e se este pode ser mais bem organizado, mentalmente, em nosso benefício. Esta seção com certeza vai interessar àqueles que se sentem preocupados com seu passado e têm dificuldade em planejar o futuro.

Descobrindo sua linha do tempo

Como você reconhece fatos do passado, presente e futuro em sua mente – ou seja, de que forma você codifica o tempo? O próximo exercício vai ajudá-lo a resolver essa questão. É sempre mais fácil com a ajuda de um experiente terapeuta, mas veja o que consegue fazer sozinho.

EXERCÍCIO

1. Pense numa refeição que fez na semana passada.
2. Pense numa refeição que fará na próxima semana.
3. Agora pense em ambas as experiências conjuntamente. Como saber qual é qual? Muitas pessoas usam certo tipo de imagem para cada evento. Na ilustração a seguir, por exemplo, o passado fica à esquerda e o futuro à direita da pessoa (o presente fica em frente). Contudo, não existem regras rígidas, podendo haver disparidades entre essas duas imagens no que diz respeito a tamanho, distância, foco, brilho, cor etc. Se você não tiver certeza da imagem, observe apenas o local onde viveu a experiência.
4. Agora pense na refeição que está comendo (não é necessário lembrar-se especificamente do prato, mas sim de *onde* você se encontra no tempo enquanto pensa no que está comendo):

   - Dez anos atrás.
   - Cinco anos atrás.
   - Ontem.
   - Agora.
   - Amanhã.
   - Daqui a cinco anos.
   - Daqui a dez anos.

5. Descubra sua linha do passado, presente e futuro unindo no espaço os eventos lembrados nos passos 1 a 3 por uma linha imaginária. Perceba as sensações advindas de outros fatos do seu passado e futuro e preencha a linha até completá-la.

Experimentando mudanças na linha do tempo: aconselhável para pessoas preocupadas com o passado

Uma vez que você se deu conta da sua linha do tempo, pode ser útil realizar algumas mudanças e observar como se sente. Por exemplo, se no exercício anterior você se viu em situações passadas que se localizaram à sua frente, é bem provável que o passado seja algo predominante em sua consciência. Tente mudar sua linha do tempo passando-a para a direita ou esquerda e verifique se se sente melhor. Se você está mais inclinado para o futuro, talvez fosse interessante transferir sua linha do tempo para a localização previamente ocupada pela linha do tempo passado (se achar que assim será melhor para você).

Assim como o primeiro exercício desta seção, que trata das lembranças problemáticas, talvez você queira mudar o tamanho, a cor e o brilho da imagem. O objetivo dessa técnica é remover de sua mente a linha do tempo passado e orientá-la para a linha do tempo futuro. Talvez você queira aumentar os fatos, tornando-os maiores, mais coloridos e brilhantes do que os da linha do tempo passado. *Se não se sentir completamente satisfeito com as novas mudanças, desfaça essas imagens e volte à sua maneira habitual de perceber o tempo.*

Crie um espaço para si mesmo e experimente estas sugestões e outras idéias suas mais adiante. Seja criativo!

CAPÍTULO 8

Vá em frente

> *A verdade é que todo o ser humano é frágil e vulnerável.*
> *É estranho que geralmente nos sentimos compelidos a esconder*
> *nossas feridas quando estamos profundamente machucados!*
> *Aos cinqüenta ainda estou finalizando o processo de aprender a pedir ajuda...*
>
> M. Scott Peck[1]

No transcorrer do trabalho de melhorar sua auto-estima, talvez você prefira o apoio de terapeuta, ou que ele o ajude quando você não conseguir trabalhar sozinho. Este capítulo vai explorar resumidamente algumas formas de ajuda disponíveis.

ACONSELHAMENTO E PSICOTERAPIA

Os clientes vivem me perguntando qual a diferença entre aconselhamento e psicoterapia. Até os próprios profissionais discutem há muito tempo se aconselhamento e psicoterapia são duas palavras para a mesma atividade ou se existe uma distinção entre as duas. Isso se torna ainda mais complicado porque nenhum grupo chega a um acordo a respeito da definição da atividade que pratica.

Sem um prévio acordo sobre o significado desses termos, fica a pergunta: "aconselhamento" e "psicoterapia" podem ser, afinal, comparadas e contrastadas?

Entretanto, isso não impediu que as pessoas continuassem a buscar as diferenças. Muitos argumentam que as abordagens são distintas em função da gravidade dos problemas dos clientes. O aconselhamento costuma ser indicado para tratamentos mais curtos nos casos menos sérios, enquanto a psicoterapia é aplicada em problemas crônicos e mais graves, durante um período bem maior.

Não importa se você deseja consultar alguém que se autodenomina "conselheiro" ou um profissional que se rotula de "psicoterapeuta". No primeiro caso, o profissional deve ouvir você com empatia e compreensão e se inteirar de informações e esclarecimentos que o ajudem a ter uma percepção mais profunda de qualquer problema. Oferecer soluções não é geralmente o que se costuma fazer. No caso da psicanálise, em que a abordagem é mais direta, as sessões tendem a ser mais bem estruturadas – o terapeuta utiliza diversas técnicas psicológicas.

Um terapeuta que está preparado para ser flexível na sua maneira de trabalhar pode adaptar as sessões de acordo com as especificidades do paciente. Muitas pessoas que procuram ajuda freqüentemente não só desejam falar sobre fatos e sentimentos, assegurar-se de que estão sendo ouvidas e compreendidas, mas também querem conhecer meios de mudar por intermédio de técnicas psicológicas apropriadas.

HIPNOTERAPIA

A hipnoterapia é um dos ramos da psicoterapia. Emprega a hipnose como técnica terapêutica, por meio da qual uma variedade de técnicas psicológicas podem ser aplicadas. A hipnose pode ser descrita como um estado de profundo relaxamento físico e mental, pelo qual o indivíduo, embora consciente da imediata realidade, experimenta a sensação de desligar-se dela. O foco da atenção é geralmente interior e vai se estreitando quando o paciente está totalmente alerta. Pode ser comparado ao transe, em que a pessoa não está dormindo; um estado em que estamos de certa forma entre o alerta e o sono. É como quando sonhamos acordados.

No Capítulo 4 eu afirmei que a mente processa informações em estado consciente e subconsciente. Na hipnose, nosso subconsciente torna-se mais atento e receptivo à terapia na forma de sugestões e imaginação. Embora o consciente participe menos nesse estado do que quando completamente alerta, ficamos no comando o tempo todo. Quando entramos em transe, não fazemos nada que não queremos fazer. Somente as sugestões que vão ao encontro dos nossos interesses básicos serão acatadas na atual experiência. Contudo, mesmo quando não estamos hipnotizados, pessoas persuasivas podem tentar nos tapear e fazer-nos de bobos, realizando algo que não nos beneficiará. Teoricamente o mesmo pode acontecer na presença de um hipnotizador inescrupuloso. Embora as chances de encontrar alguém desse tipo sejam pequenas eu recomendaria, como regra geral, que você nunca permitisse a uma pessoa não qualificada usar a hipnose em você.

As técnicas de hipnose oferecem muitas opções para o aperfeiçoamento da auto-estima. Muitos hipnoterapeutas passam aos seus clientes uma série de técnicas, para que eles aprendam a se auto-hipnotizar. Isso habilita o indivíduo a continuar a trabalhar em si mesmo bem depois que as sessões terminaram.

ENCONTRANDO UM PROFISSIONAL

Talvez você prefira que seu médico lhe indique um conselheiro ou terapeuta, ou talvez prefira procurá-lo por conta própria. É importante assegurar-se de que essa pessoa seja ao mesmo tempo confiável e experiente. O treinamento de um profissional pode variar tanto na duração como na qualidade. Recomendo a você a que verifique os seguintes pontos:

- Quanto tempo durou o treinamento dele e quais suas qualificações?
- Se for registrado, qual o nome da organização?
- Há quanto tempo trabalha na área?
- Qual sua política de preços com relação ao pagamento das sessões? (Eu me sentiria um tanto desconfortável se esse profissional cobrasse as sessões adiantado, pois em geral não é possível calcular com precisão quantas sessões serão necessárias para obter resultados.)
- Será que a pessoa tem experiência para trabalhar o problema que você quer resolver?

Conclusão

> *Não importa o que você possa ou sonhe poder fazer: comece. A ousadia traz consigo talento, poder e magia.* COMECE AGORA.
>
> J. W. von Goethe[1]

Este livro fornece uma série de meios para que você trabalhe para melhorar sua auto-estima. Como observamos no Capítulo 3, não basta ler o livro. Muitas das técnicas exigem prática constante e perseverança. Da mesma forma, se deseja consultar um orientador ou terapeuta, a mudança só vai acontecer se você decidir fazê-la acontecer. Tenha coragem de seguir em frente e tome o destino em suas mãos. Você merece esse esforço. Meus melhores votos estão com você nessa aventura.

Freqüentemente passamos a vida gastando energia e tentando fazer que aqueles que nos rodeiam se modifiquem. Se direcionássemos apenas uma fração dessa energia ao trabalho voltado para nós mesmos, nos tornaríamos seres humanos mais amorosos, pois uma alta auto-estima resulta num sentimento de maior amor pelos que nos cercam. Num mundo em que os indivíduos pudessem de fato se respeitar e se valorizar, as pessoas se preocupariam mais com seus semelhantes. Se a humanidade como um todo se comprometesse a melhorar sua auto-estima, estaríamos vivenciando uma extraordinária mudança na qualidade de vida do nosso planeta.

Notas

Introdução

1 JAMES, W. *The energies of men.* Nova York: Longmans, Green & Co, 1911.

1. Explorando o conceito de auto-estima

1 JOHNSON, R.; SWINDLEY, D. *Creating confidence. The secrets of self-esteem.* Shaftesbury: Element Books, 1994.
2 COOLEY, C. H. *Human nature and social order.* Nova York: Scribners, 1902.
3 JEHU, D. *Beyond sexual abuse. Therapy with women who were childhood victims.* Chichester: John Wiley, 1988.
4 LINDENFIELD, G. *Self-esteem.* Londres: Thorsons, 1995.
5 Por exemplo, HOELTER, J. W. "Fractorial invariance and self-esteem: reassessing race and sex differences", *Social Forces*, n. 61, 1983.
6 CRAIN, R. M. "The influence of age, race and gender on child and adolescent multidimensional self-concept". In: BRACKEN, B. A. (ed.). *Handbook of self-concept. Developmental, social and clinical considerations.* Nova York: John Wiley, 1996.
7 ROSENBERG, M. *Society and adolescent self-image.* Nova Jersey: Princeton University Press, 1965.

2. Problemas associados à baixa auto-estima

1. CLEGHORN, P. *The secrets of self-esteem*. Shaftesbury: Element Books, 1996.
2. ROGERS, C. R. *Client-centered therapy*. Nova York: Houghton Mifflin, 1951.
3. Adaptado, com autorização, de MCCROSKEY, J. C. *An introduction to rhetorical communication*. Nova Jersey: Prentice – Hall, 1986.

3. Você está pronto para mudar?

1. CARROLL, Lewis. *Alice's adventures in Wonderland*. Londres: Macmillan, 1980.
2. JEFFERS, S. *Feel the fear and do it anyway*. Londres: Arrow Books, 1987.

4. Elogios e críticas

1. KEYES, K. *Handbook to higher consciousness*. 5. ed. Kentucky: Living Love Center, 1975.
2. Adaptado com a permissão de BURNS, D. D. *The feeling good handbook*. Nova York: Plume, 1990.

5. Lidando com a raiva

1. ROBERTS, J. *The nature of personal reality*. Nova Jersey: Prentice-Hall, 1974.
2. SWANN, W. B.; GRIFFIN, J. J.; PREDMORE, S. C.; GAINES, B. "The cognitive-affective crossfire: when self-consistency confronts self-enhancement". *Journal of Personality and Social Psychology*, n. 52, 1987.
3. DRYDEN, W. *Overcoming anger – When anger helps and when it hurts*. Londres: Sheldon Press, 1996.

4 LINDENFIELD, G. *Super confidence*. Londres: Thorsons, 1989.
5 Extraído de GAWAIN, S. *Creative visualization* © 1995. Reeditado com permissão da New World Library.
6 SHEEHAN, E. "A guide to hypnosis for general practitioner", *Members Reference Book*. Londres: The Royal College of General Practitioners, 1992.
7 _____. "The control of pain with hypnosis". *The Therapist* (publicação do Instituto Europeu de Estudos Terapêuticos), ano 2, n. 1, 1993.
8 STANTON, H. E. *The stress factor*. Londres: Macdonald, 1983.
9 SHEEHAN, E. *Ansiedade, fobia e síndrome do pânico*. São Paulo: Ágora, 2000.
10 Adaptado com a permissão de JENCKS, B. "Methods of relaxed breathing". In: HAMMOND, D. C. (ed.). *Handbook of hypnotic suggestions and metaphors*. American Society of Clinical Hypnosis. Nova York: W. W. Norton, 1990.

6. Visualizações para um futuro mais positivo

1 PEARCE, J. C. *The magical child*. Nova York: Bantam Books, 1977.
2 SHEEHAN, E. *Self-hypnosis. Effective techniques for everyday problems*. Shaftesbury: Element Books, 1995.
3 Adaptado com a permissão de STANTON, H. E. "Confidence building". In: HAMMOND, D. C. (ed.). *Handbook of hypnotic suggestions and metaphors*. American Society of Clinical Hypnosis. Nova York: W. W. Norton, 1990.
4 WALCH, S. L. "The red balloon technique of hypnotherapy: a clinical note", *International Journal of Clinical and Experimental Hypnosis*, n. 24, ano 1, 1976.
5 JACKSON, A. *Stress control through self-hypnosis*. Londres: Piatkus, 1990.
6 Adaptado com a permissão de STEIN, C. "The clenched fist technique as a hypnotic procedure in clinical psychotherapy", *American Journal of Clinical Hypnosis*, n. 6, 1963.

7   BRADSHAW, J. *Healing the shame that binds you*. Deerfield Beach: Health Communications, 1988.
8   SATIR, V. *Conjoint family therapy. Your many faces*. Palo Alto: Science and Behavior, 1982.
9   GAWAIN, S. *Creative visualization*. Nova York: Bantam Books, 1978.
10   Adaptado com a permissão de BANDLER, R. e GRINDER, J. *Frogs into princes*. Londres: Eden Grove, 1979. (Em português: *Sapos em príncipes – programação neurolingüística*. São Paulo: Summus, 1982.)
11   Adaptado com a permissão de ANDREAS, C. e ANDREAS, S. *Heart of the mind: engaging your inner power to change with neuro-linguistic programming*. Moab: Real People Press, 1989. (Em português: *A essência da mente: usando seu poder interior para mudar*. São Paulo: Summus, 1993).

7. Restabelecendo-se e deixando de lado o passado

1   RAJNEESH, B. S. *Roots and wings. Talks on Zen*. Poona: Rajneesh Foundation, 1975.
2   BRADSHAW, J. *Home coming. Reclaiming and championing your inner child*. Londres: Piatkus, 1990.
3   HAY, L. L. *The power is within you*. Londres: Eden Grove, 1991.

8. Vá em frente

1   PECK, M. Scott. *The different drum*. Londres: Rider, 1986.

Conclusão

1   GOETHE, J. W. von. *Faust. A tragedy*. Nova York: Random House, 1967.

Leituras complementares

ANDREAS, C.; ANDREAS, S. *Heart of the mind: engaging your inner power to change with neuro-linguistic programming*. Moab: Real People Press, 1989. (Em português: *A essência da mente: usando seu poder interior para mudar*. São Paulo: Summus, 1993.)

BURNS, D. D. *The feeling good handbook*. Nova York: Plume, 1990.

CLEGHORN, P. *The secrets of self-esteem*. Shaftesbury: Element Books, 1996. (Extraído de GAWAIN, S. *Creative visualization* © 1995. Reeditado com permissão da New World Library. (Em português: *Visualização criativa*. Rio de Janeiro: Sextante, 2003.)

JOHNSON, R. e SWINDLEY, D. *Creating confidence. The secrets of self-esteem*. Shaftesbury: Element Books, 1994.

MATTHEWS, A. *Being happy! A handbook to greater confidence and security*. Singapura: IN Books, 1988. (Em português: *Seja feliz*. São Paulo: Best Seller, 2003.)

PEIFFER, V. *Positive thinking*. Shaftesbury: Element Books, 1994. (Em português: *Para um pensamento mais positivo*. Rio de Janeiro: Record, 2001.)

SHEEHAN, E. *Anxiety, phobias and panic attacks*. Shaftesbury: Element Books, 1996. (Em português: *Ansiedade, fobias e síndrome do pânico*. São Paulo: Ágora, 2000.)

_____. *Self-hypnosis: effective techniques for everyday problems*. Shaftesbury: Element Books, 1995.

_____. "The control of pain with hypnosis". *The Therapist* (publicação do Instituto Europeu de Estudos Terapêuticos), ano 2, n. 1, 1993.

_____. "The relationship between gender, self-steem and conformity: an empirical re-examination" (tese não publicada), University College Cork, 1985.

_____. "The relationship between self-steem and willingness to communicate: implications for counselling" (tese não publicada), University of Hull, 1997.

A autora

Elaine Sheehan é psicóloga treinada em psicoterapia e hipnoterapia. Além de trabalhar no setor privado, ela apresenta seminários e *workshops* a grupos empresariais e a serviços de assistência social e psicológica. Ela também dá aulas a mestrandos de psicoterapia na Masters of Science in Counselling na Universidade de Hull (Reino Unido). Teve oportunidade de trabalhar como orientadora de terapeutas em uma empresa inglesa de pesquisas em hipnose.

IMPRESSO NA
sumago gráfica editorial ltda
rua itauna, 789 vila maria
02111-031 são paulo sp
telefax 11 **6955 5636**
sumago@terra.com.br

GRÁFICA
sumago

------- dobre aqui -------

ISR 40-2146/83
UP AC CENTRAL
DR/São Paulo

CARTA RESPOSTA
NÃO É NECESSÁRIO SELAR

O selo será pago por

SUMMUS EDITORIAL

05999-999 São Paulo-SP

------- dobre aqui -------

CADASTRO PARA MALA-DIRETA

Recorte ou reproduza esta ficha de cadastro, envie completamente preenchida por correio ou fax, e receba informações atualizadas sobre nossos livros.

Nome: _____ Empresa: _____
Endereço: ☐ Res. ☐ Coml. _____ Bairro: _____
CEP: _____ - _____ Cidade: _____ Estado: _____ Tel.: (___) _____
Fax: (___) _____ E-mail: _____
Profissão: _____ Professor? ☐ Sim ☐ Não Data de nascimento: _____

1. Você compra livros:
☐ Livrarias ☐ Feiras ☐ Comportamento
☐ Telefone ☐ Correios ☐ Saúde
☐ Internet ☐ Outros. Especificar: _____

2. Onde você comprou este livro? _____

3. Você busca informações para adquirir livros:
☐ Jornais ☐ Amigos
☐ Revistas ☐ Internet
☐ Professores ☐ Outros. Especificar: _____

4. Áreas de interesse:
☐ Psicologia ☐ Comportamento
☐ Crescimento Interior ☐ Saúde
☐ Astrologia ☐ Vivências, Depoimentos

5. Nestas áreas, alguma sugestão para novos títulos? _____

6. Gostaria de receber o catálogo da editora? ☐ Sim ☐ Não

7. Gostaria de receber o Ágora Notícias? ☐ Sim ☐ Não

Indique um amigo que gostaria de receber a nossa mala-direta

Nome: _____ Empresa: _____
Endereço: ☐ Res. ☐ Coml. _____ Bairro: _____
CEP: _____ - _____ Cidade: _____ Estado: _____ Tel.: (___) _____
Fax: (___) _____ E-mail: _____
Profissão: _____ Professor? ☐ Sim ☐ Não Disciplina: _____

Editora Ágora
Rua Itapicuru, 613 7º andar 05006-000 São Paulo - SP Brasil Tel (11) 3872 3322 Fax (11) 3872 7476
Internet: http://www.editoraagora.com.br e-mail: agora@editoraagora.com.br